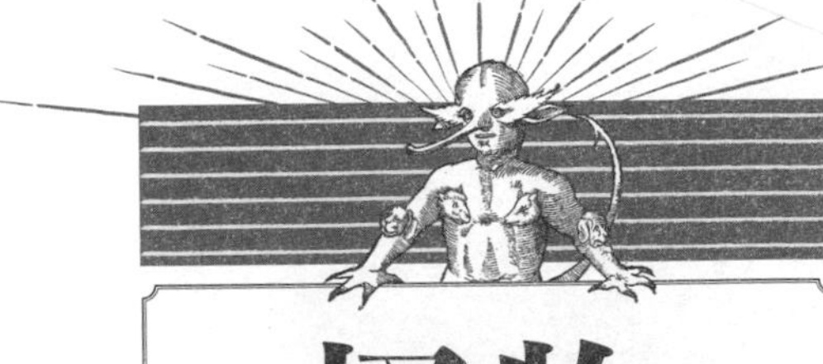

怪物博物館

108怪，以及牠們的履歷書

劉星

前言

在閱讀這本書的時候，我希望讀者能夠發現這是在尋找世間奇偉、瑰怪、非常之觀的過程中，將所見所得匯聚一起構成的一本好奇心之書。

法國醫師安布魯瓦茲·帕雷（Ambroise Paré）在一五七三年出版了《*Des Monstres et Prodiges*》一書，在被日本引介時，書名翻譯為《怪物と驚異》（怪物與驚異），這就是我編撰這本書名稱的來源。

安布魯瓦茲·帕雷在他的書中收集了各種奇異的動物、天文現象，有些來自前人的博物誌、宇宙誌和研究著作等等，有些來自當時社會流傳很廣的木刻版畫，更有趣的是，他運用了當時歐洲的醫學、生物學理論對這些奇異之物進行詮釋，這些內容在當時幾乎是無人涉足的。同時，在他這本書中，這些生物構成奇異的景觀，使人對當時歐洲的思維觀念不由得好奇，這些想像中的動物起源是什麼？牠們是如何演變成這種形象的？當時的歐洲人在這些想像中的動物上究竟投射了什麼？這些動物形象反映了當時的什麼思維和觀念？

懷著這些好奇的問題，我以安布魯瓦茲・帕雷為起點，對同時代同類型的書籍繼續探尋，由此我發現了康拉德・格斯納（Conrad Gesner）、烏利塞・阿爾德羅萬迪（Ulisse Aldrovandi）等博物學研究者的著作，其中一部分是源自文藝復興時期的啟示錄式預兆，這點和中國古代的觀念非常相似，都是將奇異生物的降生或者怪異的天文現象視為上天對人類的警告，災厄即將降臨的徵兆，不同的是，在當時的歐洲，這往往成為宗教改革中新教攻訐羅馬公教不公義的宣傳由頭，並且還成功了，可以想像身處那個時代的人們，時刻都被這些怪物降生傳說所包圍的盛景。

我希望這是一本志怪之書，收集人們在瞭解未知事物的途中，以想像力凝結而成的誤解，並對這些誤解進行深入淺出的挖掘，試圖找出其背後的故事。

除了誕生在文藝復興時期的怪物之外，還有一些怪物有著更久遠的歷史，追蹤這些怪物在時間中的足跡，需要將時間上溯到中世紀，中世紀並沒有它被冠以的名稱那樣「黑暗」，甚至文藝復興也可以算作中世紀的一個時期，中世紀有著各種有趣的事物，譬如當時歐洲對東方的奇異想像，這些奇異想像聚集在《曼德維爾爵士遊記》（*The Travels of Sir John Mandeville*）等旅行誌和「亞歷山大傳奇」、「祭司王約翰的信札」等傳奇中。在這些文學作品裡，東方生長著各種奇異的植物，有著各種形狀怪誕的飛禽走獸，盛產奇珍異寶，也有不老泉等等神奇的事物。不過中世紀時期這些文本都受到基督教的影響，一些誕生於歐洲本土的怪物傳說，也明顯可以發現基督教征服當地信仰的痕跡，不過更多的怪物傳說還是可以直接追溯到希臘羅馬時代。老普林尼（Pliny the Elder）的《自然史》（*Natural History*）是歐洲眾多博物誌的鼻祖，不論是書籍的內容還是編撰的形制，都深深影響後世，在他的這本書，收集了眾多的神話傳說，將其中的生物和當時認知的世界地理進行了現實對照，還試圖將一些傳說進行理性分析，給出現實可能的原型。雖然這些也是老普林尼從希羅多德（Herodotus）等前人那裡承襲而來，不過編撰出像《自然史》這樣龐大、全面的百科全書式的著作，老普林尼可能還是第一人。

能夠想像老普林尼也是一個被強烈好奇心驅使的人，西元七九年維蘇威火山爆發，他為了研究火山爆發、對當地人施救，他驅船來到當地，因為吸入火山噴發出的含硫氣體而死亡。也許有人會覺得這種死亡方式有著一種被命運戲謔的荒謬，都說「好奇心害死貓」，這種為了探究現實，執意將自己置身於奇觀之中，並留下如此皇皇巨著的人，已經不枉此生了。

和現代觀念不同，希臘羅馬在早期的一段時間裡，和中東區域的交流更為緊密，它的神話也受到中東的影響，譬如愛神阿芙蘿黛蒂（Aphrodite）就誕生於中東，和兩河流域神話中的印南娜（Inanna）、伊西斯（Isis）等女神有著密切的淵源。而作為現代歐洲文化源頭之一，和希臘羅馬並稱為雙希文明的希伯來基督教文明也誕生於中東，深受當地神話的影響，並有著很多共同的要素，追溯一些古早存在的怪物，也可以在中東神話找到相關的傳說。

我還希望這是一本鏡像之書，這本書裡的內容，不僅僅是關於怪物，也體現人們的觀念和認知，透過傳說、異像中呈現的思想對照，能夠發現一些東西方共同存在的觀念，大家都在相近的時間階段裡，對性質相似的事物存在著同樣的迷思，由此誕生了各種奇異的想像，而這些想像透過傳播，留在彼此的文獻記載中。

譬如中東傳說中有一種叫做waq-waq的樹木，生長在世界以東的盡頭，可能是中國或日本的一個叫做waq-waq的島嶼上，一般認為它的樹枝上長滿果實，果實是人類的模樣，但是不具有靈魂和思想，但在和亞歷山大有關的傳說中，這棵樹能夠講出人類的語言，預言亞歷山大的死期。這種樹木很像《西遊記》所說的人參果，在《三才圖會》也有記載，受到中國的影響，日本也有類似的傳說，他們稱為人面樹。而中國關於這種樹最早的記載出自南朝梁代任昉的《述異記》，其中講到「大食王國在西海中，有一方石，石上多樹，干赤葉青。枝上總生小兒，長六七寸，見人皆笑，動其手足。頭著樹枝，使摘一枝，小兒便死。」類似的記載還出現在《通典》、《酉陽雜俎》、《太平廣記》等等文獻中。

東西方奇異的傳說會相互流傳、演變，往往是西方稱有奇異在東方，而東方稱有奇異在西方，這裡的想像內容雖然各有不同，不過想像的性質卻是共通的，大家都是彼此的異域，都將各種光怪陸離設置在對方身上，互為彼此的對照和鏡像。

隨著現代交通的發展，人們將自己的足跡遍布到整個世界，生物學的研究使各種動物的形狀都不足為奇，過去旅遊者的怪物見聞被證實偽造，這些因為好奇心而誕生的怪物也逐步被人遺忘。但牠們身上的那種未知的魅力並不會因此消退，所以我編撰了這本書，之所以堅持以編撰者這個身分自居，是為了盡可能讓過去的作者講話，透過他們的言語來講述這些怪物，不是用現代的觀念來解釋、評判。這也是我欣羨的約翰・阿什頓（John Ashton）在他編撰的《奇怪動物百科》（*Curious creatures in zoology*）中所想所做的。

4
宗教傳說

CHAPTER 1

近東神話

安祖鳥是美索不達米亞神話中的一種巨大的怪鳥，是南風和雷雲的化身，一般被描述為長有獅子的頭、鷹的身體。早期圖像中，牠往往是正面對稱展翼，雙腳所持的獸類一般為獅子、雄鹿、山羊，有人認為山羊代表恩基（Enki），雄鹿代表寧胡爾薩格（Ninhursag），獅子代表尼努爾塔（Ninurta，又稱寧吉爾蘇）。這是最典型的安祖鳥形象，有人認為這種形象影響了西臺人，因而誕生雙頭鷹的形象，而雙頭鷹在歷史上反覆被東羅馬帝國、神聖羅馬帝國、奧地利王室、俄羅斯沙皇用作標誌。另外，在阿卡德的滾筒印章上，出現安祖鳥被恩利爾（Enlil）審判的場景，這時的安祖鳥是上半身為人，下半身為鳥的形象。之後在亞述王國更出現了獅身鷹翼，前足為獅爪，後足為鷹拉格什國王恩鐵美那（Enmetena）時期（約西元前二四五〇年），尼努爾塔的祭司dudu的圓孔銘牌。

爪的形象。

傳說安祖鳥能夠吐出水和火，有一對巨大的翅膀，搧動它們能夠形成風暴。關於牠的名字anzu，具體含義並不清楚，有人解釋為天之智慧，因為an表示天神安，zu意為智慧，過去牠的名字被誤讀為zu。牠還有一個名稱叫作Imdugud，有人認為這是阿卡德人對牠的稱呼，也有認為這是蘇美人對牠的稱呼，而anzu才是阿卡德語。

安祖鳥最著名的事蹟記載在《安祖史詩》（*The Epic of Anzû*），主要講牠從恩利爾那裡偷走了天機表。天機表記載諸神與人類的命運，誰掌握著天機表，就擁有統治世界的至高無上權力。在巴比倫神話中，天機表的所有者本來是提阿瑪特（Tiamat），之後傳給了金固（Kingu），馬杜克（Marduk）戰勝金固之後，奪走了天機表，也獲得世界的統治權。

傳說安祖鳥是趁恩利爾早晨洗臉的時候將天機表抓走，帶著它飛到了山中。恩利爾召喚眾神，希望其中能夠有人出手奪回天機表，眾神一片沉默，只有軍神尼努爾塔自告奮勇，前往追擊安祖鳥。可是天機表擁有讓時光倒流的能力，尼努爾塔一箭射向安祖鳥，天機表發揮異能，讓箭在半空中散開，箭頭變回到當初採集的藤叢中，箭羽回到被獵的鳥身上，弓回到樹木上，弓弦回到羊身上。雖然尼努爾塔初戰不利，但是他沒有放棄，把安祖的翅膀撕扯下來，使牠掉落在地上。見安祖鳥還沒有斷氣，尼努爾塔撕開牠的喉嚨，將天機表帶回去給恩利爾。

亞述國王亞述納西拔二世（Ashurnasirpal II）執政期間，將亞述帝國的首都從阿舒爾（Ashur）遷到了卡拉（Kalhu），因為他將這座城獻給尼努爾塔，所以這座城又叫作尼姆魯德（Nimrud）。在城中的神廟中他命人雕刻了一組浮雕，內容就取材自尼努爾塔與安祖鳥的戰鬥。當然也有文稱是馬杜克擊敗安祖鳥。

安祖鳥也出現在《吉爾伽美什史詩》（*The Epic of Gilgamesh*），傳說幼發拉底河畔長有一株胡盧普樹，女神伊南娜見到之後，將它移栽到自己的花園中，希望這棵樹長大之後能夠做成自己的寶座和床。但是這株樹雖然長大，伊南娜卻拿它沒有辦法，因為不知道什麼時候起，這株樹的根部被蛇侵占，樹幹上有魔神莉莉斯（Lilith）居住，樹頂上則是安祖鳥築巢。吉爾伽美什（Gilgamesh）幫助伊南娜，他殺掉樹根的蛇，受到驚嚇的莉莉斯迅速逃走，安祖鳥也帶著幼鳥飛入山中。吉爾伽美什將樹做成寶座和床送給伊南娜，她則用樹椿做出一面鼓，用樹枝做成一把鼓槌送給吉爾伽美什。同時，也是牠在吉爾伽美什的摯友恩奇都（Enkidu）的夢中將恩奇都抓到冥府。

安祖鳥和吉爾伽美什家族的關係還可以上溯到他的父輩盧伽爾班達（Lugalanda）。傳說盧伽爾班達本來是一名普通的烏魯克小兵，偶然發現了安祖鳥的巢穴，他將巢穴打理一番，為安祖鳥的幼鳥們佩戴上華麗的首飾，安祖鳥捕獵歸來一看，非常高興，於是和盧伽爾班達成為朋友，並起誓為他提供庇護，賜予他神速。在安祖鳥的幫助下，盧伽爾班達最後成為烏魯克的國王，並且和寧蘇娜（Ninsuna）女神結婚，生下吉爾伽美什。

安祖鳥還出現在《埃塔納史詩》（*Epic of Etana*），傳說大洪水之後，上天將王權降到基什王國，埃塔納（Etana）之前的國王名稱於史不可考，而資料中記載埃塔納是牧羊人，統一了基什王國。雖然獲得王權，但埃塔納卻無法高興，因為一直沒有後嗣。某日他在一個深坑發現一隻受傷的巨大怪鳥，醫治好怪鳥的傷，怪鳥為了報答，將他帶上天國，在天國採得使人能夠生育的草，之後基什王國繼承者巴利就誕生了。

在大洪水神話《阿特拉哈西斯》（*Atra-Hasis*）中，安祖鳥用利爪劃破天空，使大洪水傾瀉而下，毀滅原本的人類。

安祖鳥的傳說雖然隱沒在歷史塵埃之中，但由牠演變而來的各種形象、傳說、典故，依然留存在人類身邊。

Apkallu，在蘇美語中被稱為Abgal，是美索不達米亞神話中的七位賢者。牠們成長於水中，被稱為「鯉魚」，維持著天界與地上的秩序。大洪水之前的人類還很無知，沒有發展出文明、文化，於是天神派出七位賢者教導人類，給人類帶來文化和禮教。這種七賢觀念可能影響到後來的古希臘，使他們列舉出希臘版的七賢。

第一位來到人世的賢者叫作Uanna，或稱Uan。有魚的身體，還有人的頭、手臂、腳和聲音，牠教授人類如何書寫、閱讀、計算，如何建造城市和神廟，如何制定法律、劃定邊界、分割土地，如何種植作物和收穫果實，向人類講述眾神是如何創造世界的。

在巴比倫神話中，也有類似的人物，叫作歐南涅斯

在尼尼微（Nineveh）附近的伊絲塔神廟，發現了一塊由堅固的玄武岩雕刻而成的水盆，它裝飾有魚形賢者的浮雕。

（Oannes），被記載在貝洛索斯（Berossus）的《巴比倫尼亞志》（*Babyloniaca*）中。歐南涅斯出現在巴比倫尼亞附近的厄文特里亞古海（Erythraean Sea）中，牠的整個身體是魚，但是有人的腦袋，能夠發出人的聲音，尾巴的地方長有人的腳。在白天，牠傳授人類文字、幾何學，並教授人類創建城市、修建神廟、制定法令、丈量土地、如何收集、種植、收穫種子。日落以後，牠會回到海中，牠的到來，結束人類的蠻荒時代。歐南涅斯往往被認為是Uanna的希臘語轉寫產生的變體。

賢者一共有七位，第七位叫Utuabzu，或Utuaabba。Utuaabba的意思被認為是誕生於海，同時Utuaabba也有在傳授知識、教化人類，和Uanna很相似。

在阿卡德人的神話中，有一位叫做阿達帕（Adapa）的人物，他是阿卡德版本中的七賢者之一。有人認為他對應蘇美神話中的Uanna，也有人認為他對應的是Utuaabba。阿達帕的故事也經過很長時間的演變，有很多變體，大概的情節是，阿達帕是智慧之神埃亞（Ea）之子，是埃亞派遣的第一個賢者，給埃利都（eridu）的人們帶來知識，是埃利都的祭司，掌管儀式，看守埃利都城門的門閂，並和廚師一起為人們準備食物。他在海裡捕魚時遇到南風女神寧利勒（Ninlil），寧利勒在海面造成風暴，阿達帕要她不准吹向陸地，否則將折斷她的翅膀。誰知話音剛落，寧利勒的翅膀就斷了，之後大地上七天都沒有吹起南風。

安努（Anu）覺得奇怪，便找來僕從問話，這才得知阿達帕折斷寧利勒的翅膀，於是叫埃亞找來阿達帕審問。埃亞叫阿達帕披頭散髮，做喪服打扮，以應付在天門遇到的杜木茲（Dumuzi）和吉齊達（Ningishzida）。兩位神攔住阿達帕問他為何做此打扮，他說因為杜木茲和吉齊達在人間消失的緣故，二神聽了之後，在安努面前為阿達帕說了好話，埃亞還提醒阿達帕，安努會提供致死的食物和水，告誡他不要食用。誰知安努見他虔誠，加上杜木茲和吉齊達兩位的美言，便將致死的食物和水換成永生的食物和水。但阿達帕謹記著埃亞的告誡，不敢食用，於是安努嘲笑他果然只是一個下等的人類，將他送回人間。

阿達帕被視為最初的人類，有人認為他的神話和亞當的故事存在關聯，影響了亞當故事的誕生。有人認為Adapa一詞中最後的符號pa也可以被讀為mu，即adamu，這個詞傳入希伯來語中演變為adam，亞當。阿達帕作為神之子，享有智慧，但錯失了永生的機會，這種智慧和永生不可兼得的觀念，在亞當被放逐出伊甸園的故事也有出現。

Gugalanna（古伽蘭那）是美索不達米亞神話中的神祇。根據某些記載，祂是陰間女神埃列什基伽勒的第一任丈夫，而所謂的天之公牛，是人們對地震造成饑荒這種自然災難的神話化解釋。和天之公牛有關的最著名的神話，還是《吉爾伽美什史詩》中的一段故事。

當時美索不達米亞人崇拜女神伊絲塔（Ishtar），城邦的君主都要通過宗教儀式，和她舉行聖婚，來獲取統治權上的認可。但是到了吉爾伽美什，他認為伊絲塔對愛人杜木茲的死負有責任，於是拒絕與她舉行聖婚。美麗而任性的伊絲塔自然不願忍氣吞聲，於是到主神安努那裡去告狀，引得安努將天之公牛降下人間作為懲罰。但吉爾伽美什本身臂力驚人，加上摯友恩奇都也勇猛過人，在兩人合

古巴比倫時期的滾筒印章上描繪的恩奇都征服天之公牛，年代大約是西元前一九七〇年至西元前一六七〇年。

力之下，將天之公牛殺死，而且還把牠的內臟挖出來，扔到伊絲塔面前。另一種版本提到是，砍下牛的後腿，並且還說如果抓住伊絲塔，也會對她如法炮製。受到如此羞辱的伊絲塔更加不會善罷甘休，以殺死天之公牛的罪名向兩人問罪，吉爾伽美什的摯友恩奇都因此衰弱而死。

天之公牛也是古代美索不達米亞的星座之一，牠在西元前三千二百年的春分時節出現在北半球天空上。春分時太陽升起，星座隱去，被認為是牠死亡的故事原型。希臘神話很大程度上，受到美索不達米亞的神話影響，其中，天之公牛流傳到希臘，演變為金牛座。

胡姆巴巴在蘇美語中被稱為huwawa，humbaba是牠在亞述語中的稱呼，人們提到牠，往往會在牠的名字加上「令人恐懼的」作為前綴。在神話傳說中，牠和帕祖祖同為漢比（Hanbi）的兒子，是從遠古時代起就已經存在的巨怪，被太陽神烏圖（Utu）養育長大，成為眾神居所雪松林的守護者，被蘇美神祇恩利爾（Enlil）賜予了會使人恐懼的能力。

傳說中牠是一個巨大人形的怪物，長著獅子的爪子，渾身覆蓋著棘刺的鱗甲，牠的腳就像禿鷹的爪子，頭上長著野牛的角，尾巴和陽具的頂端都長著蛇頭。也有另一種描述，牠的臉就像獅子，用死亡的眼神直視著人，吼聲像洪水奔騰，嘴巴就是「死亡」，吐息就是烈火，可以聽到

西元前兩千年，古巴比倫時期的胡姆巴巴黏土面具。

森林中百里內的任何聲響。在很多圖像中，胡姆巴巴的臉部會被著重強調，上面是一些堆疊的紋路，就像迷宮，有些人會認為是腸子的形狀，同時還吐出舌頭。

胡姆巴巴最著名的事蹟是在《吉爾伽美什史詩》中，吉爾伽美什和恩奇都不打不相識，之後聯手前往眾神的雪松林，想要殺掉胡姆巴巴，獲取更大的榮耀。兩位英雄雖然強大，但是面對胡姆巴巴仍然需要智取。於是吉爾伽美什編了一個謊言說要將自己的七位姐妹送給胡姆巴巴作配偶，但是需要用恩利爾賜予牠的光芒交換，然後吉爾伽美什趁牠鬆懈之際將其制伏。

或者像另一些版本中說的，吉爾伽美什和恩奇都兩人聯手將胡姆巴巴制伏，之後吉爾伽美什砍下牠的頭顱，裝在皮袋裡送回給恩利爾。還有人說，吉爾伽美什率領軍隊，向神獻上七種祭品，卸下自己的七種恐懼才制伏了胡姆巴巴。也有人說，在制伏胡姆巴巴的過程中，兩人對胡姆巴巴恐懼不已，只有祈求太陽神沙瑪什（Shamash）的幫助。沙瑪什是巴比倫神話中太陽神的名字，對應的就是蘇美神話中的烏圖，在太陽神的幫助下，他們制伏了胡姆巴巴。

我們可以發現在這些神話裡有一些讓人熟悉的元素：胡姆巴巴的死亡凝視，口中吐出的舌頭，被半人半神的英雄砍下了頭，首級被裝在皮袋裡等等，都使人聯想到希臘神話中柏修斯（Perseus）和美杜莎（Medusa）。美杜莎的神話演變自戈爾貢（Gorgon）的神話，戈爾貢意為恐懼，這一點又和胡姆巴巴產生聯繫。戈爾貢應該是一種怖畏面，被用作鎮壓邪靈鬼物的形象，口吐舌頭在很多文化中都有威嚇的意義，這一點在胡姆巴巴的圖像中也有呈現。同時胡姆巴巴的圖像往往只有臉部和頭顱，這裡不妨大膽猜想，戈爾貢的形象很可能與胡姆巴巴有淵源。

雖然多數文本中將胡姆巴巴描述為一種野蠻愚蠢的怪物，但在新發現的古巴比倫泥版，有了不同的描述。雪松林中猴子的叫聲、蟬鳴聲和鳥叫聲匯聚成交響樂，這種交響樂每日都在為牠們的王者胡姆巴巴演奏，這裡的胡姆巴巴像是一個文明的統治者。所以也有人認為，胡姆巴巴實際是與烏魯克（Ōrugeia）同時期的國家，分布在黎巴嫩與敘利亞交界處，因為境內有大量雪松林生長而非常富庶。被吉爾伽美什制伏的恩奇都也是善戰的國家，但落後於烏魯克，為吉爾伽美什所招降。吉爾伽美什覬覦胡姆巴巴的財富，而雪松木正是烏魯克所急需的資源，得到恩奇都部族的力量之後，就出兵滅了胡姆巴巴。

1-5 拉馬什圖 LAMASHTU

在美索不達米亞人的觀念中，災厄往往是天神派遣魔神給人類帶來的懲罰或者考驗，其中對人類的繁殖和生育進行干擾的魔神，最讓美索不達米亞人感到威脅。不過拉馬什圖並不一樣，牠是天空之神安努的女兒，不受諸神的差遣，按照自己的意志給人類帶來災厄，是疾病、瘟疫和死亡的使者。為了避免拉馬什圖的傷害，人們要向帕祖祖祈求保護。

在神話傳說中，拉馬什圖被描述為全身皮毛，長著母獅或者鳥的頭，有驢的牙齒和耳朵，手指長而鋒利，通常雙手都抓著雙頭蛇，腳是一對猛禽的利爪，往往站在或半跪在驢子背上，雙乳一邊哺乳一隻野豬或豺狗，有些情況下也有翅膀。

牠有七個名字，所以被稱為七女巫。在傳說中牠會殺

新亞述時期抵禦拉馬什圖侵害的銘牌。

死孩童，使人流產，傷害孕婦和產婦，在哺乳期間偷走嬰兒，啃食嬰兒的骨頭，吸乾嬰兒的血液，給人製造夢魘，使樹葉枯萎，讓湖水和河水腐敗。

為了保護自己，美索不達米亞人出現了巫醫，他們稱為Ashipu。在古代美索不達米亞存在兩種不同的醫生，一種是使用藥物治療疾病的醫生，被稱為Asu；另一種就是Ashipu，他們使用的是所謂的超自然力量。這兩種醫生在古代美索不達米亞同樣受人尊敬。Asu醫生雖然可以透過藥物治療，但是遇到藥物無法產生作用的情況時，就需要請到Ashipu巫醫了，特別是在分娩的時候，Asu醫生的藥物只有輔助作用。

Ashipu巫醫會使用特定的儀式和咒語來驅除邪魔，特別是拉馬什圖對產婦的侵擾。儀式上會用到拉馬什圖的圖像，Ashipu巫醫會在圖像前放一個麵包，給圖像澆水，並讓黑狗攜帶著，而圖像的位置必須在病患頭部附近三天，將幼豬的心臟放在圖像口中，在這三天裡，每天誦讀三次針對拉馬什圖的咒語，到第三天傍晚，將圖像埋到城牆附近。

同時，古美索不達米亞人認為疾病是神靈對自己所犯罪行的懲罰，他們將疾病形象稱為某某惡魔之手。例如某人難產，是因為拉馬什圖之手出現在她的身上，所以無論得到的是何種疾病，都需要進行懺悔，承認罪行，並向神靈起誓永不再犯，再配合醫生或者巫醫的治療，才有治癒的可能性。

帕祖祖，也可以叫Fazuzu或Pazuza，牠是美索不達米亞神話中的魔神，從蘇美時期就受到當地人的崇拜，並且延續到亞述時期。牠居住在冥府之中，和胡姆巴巴是兄弟，控制著從死者土地上吹來的西風和西南風，在當地旱季，這些風會帶來饑荒，在雨季會帶來暴雨和蝗蟲的肆虐。正因為牠在神話觀念中有著這樣強大的力量，人們會向牠祈禱獻祭，希望牠能夠將強大的破壞力轉移到其他方面，以達到保護人類的目的。這裡的其他方面主要是指對抗拉馬什圖，因為拉馬什圖會造成產婦和嬰兒的死亡，人們希望帕祖祖能夠趕走牠，是一種以惡制惡的思維。

誕生帕祖祖這樣的魔神是諸神計劃的一部分。在美索不達米亞神話中，原本人類的壽命都很長，出生的人遠

新亞述時期的帕祖祖青銅塑像。

遠超過死去的人，使大地變得擁擠，他們的喧鬧、紛爭一直傳到上天，使恩利爾不勝其擾，於是降下大洪水、乾旱和瘟疫，將原本的人類滅絕，只有烏特納匹斯提姆（Utnapishtim）一個人在智慧之神恩基的幫助下搭船避難，隱居深山活了下來。恩利爾得知後大怒，恩基勸說恩利爾，可以造出生命力更脆弱的人類，他們的壽命很短，會有疾病、流產、性無能、不育症、野生動物的攻擊，以及其他各種使人類數量得到控制的方式。這就是諾亞方舟的故事原型之一。當然，魔神也是眾神派遣來的，他們透過各種災難懲罰罪惡的人，測試、考驗正直的人。

對帕祖祖的崇拜和祈禱主要是用牠的圖像和護身符。圖像有雪花石膏、青銅等不同材質，而護身符一般是紅寶石製成，上面有帕祖祖的形象。牠長有狗或獅子一樣的臉，人的身體，但全身有鱗片，勃起的陽具是一條蛇的前半身，腳是一對巨大的猛禽爪子，背上長有一對或兩對翅膀，背後還有一條毒蠍的尾巴。這些圖像和護身符的帕祖祖形象能夠吸引帕祖祖的注意，將牠召喚到希望牠出現的房間或者召喚者身邊，一般是兒童的房間，靠近門口或窗戶的位置，也有埋在房間地下的。圖像和護身符的尺寸不大，因為人們希望帕祖祖能夠將力量集中對付侵擾人的邪魔，而不是召喚者自己。

Ugallu為巨大的風暴野獸，獅頭人身鳥足，起源可以追溯到西元前二千年，最初是人足，鳥足形象出現於西元前一千年。神話中牠是提阿瑪特（Tiamat）創造的十一種怪物之一，在古巴比倫時期，牠被視為地府的看門人、涅伽爾（Nergal）的侍從，一般被描述為獅頭、獅耳，左手持短刃，右手持權杖，常與盧拉爾（Lulal）成對出現，牠們的形象非常相似。牠常出現在宮殿、神廟以及私宅臥室等處，作為驅除邪祟的守護，所以人們又常常將牠作為護身符、魔法寶石上雕刻的紋樣。

新亞述時期的浮雕，烏伽爾魯作為宮殿守衛，年代為西元前七〇四年至六八一年。

怒蛇是美索不達米亞神話中的怪物，牠最著名的圖像出自巴比倫內城的第八個城門：伊絲塔門上的浮雕。伊絲塔門是由新巴比倫王國的國王尼布甲尼撒二世（Nebuchadnezzar II）下令修建，獻給女神伊絲塔，故以她的名字命名。整道城門以琉璃磚裝飾，上面有怒蛇、獅子、公牛、獅鷲（神話又稱格里芬）等動物浮雕。原來的城門有兩層，德國人在考古發掘時，因為外城門體積過大，只將內城門搬運回國，雖然釉彩脫落，依然可見精美。

城門上是怒蛇的典型形象，全身覆蓋著鱗甲，牠的頭部被表現為蛇頭，張開的嘴巴中吐出分叉的蛇信。蛇頭的形象源自角蝰（學名：Cerastes cerastes），這是一種在阿拉伯半島常見的毒蛇，牠的頭頂上是直聳的角，頭後部是渦

伊絲塔之門上的怒蛇形象。

卷狀的冠狀物，有人認為這種冠狀物和中國龍的角類似。牠的尾巴和蛇尾類似，高高揚起顯示出一種威嚇的姿態。牠的前腿和貓科動物類似，可能源自獵豹，後腿腳掌部分採用猛禽的爪子。但除此之外，腿的其他部分並不像鳥類，而是更接近四足動物。雖然牠全身覆蓋著鱗甲，但是在牠的頸部和耳朵附近被刻畫有渦卷紋，有人認為這種渦卷紋代表著毛髮。

怒蛇被叫作mušḫuššu，可能意為紅蛇、怒蛇，或者華麗的蛇。早期隸屬於伊斯努那（Eshnunna）當地神祇Tishpak，之後伊斯努那被古巴比倫王國占領，怒蛇也逐漸融入巴比倫的馬爾杜克神話系統，被稱為馬爾杜克（Merodach）和馬爾杜克之子納布（Nebo）的眷屬。有人認為聖經的《但以理書》中提到的彼勒與大龍（Bel and the Dragon），其中的大龍就是指怒蛇。

古希臘星座中的長蛇座，可能源自古代美索不達米亞星座蛇座MUL.dMUŠ，這種星座被描述為長著獅子前足和翅膀，沒有後腿，頭類似於怒蛇。

又因為伊絲塔城門上除去怒蛇之外，其他動物大多是現實中存在的，所以也有研究者認為怒蛇可能是巴比倫人熟悉的某種現實生物，並且試圖在現實中找出一個對應的生物。有人認為是禽龍，也有人認為是西瓦獸，還有人認為是某種生活在伊拉克南部沼澤地裡的未知生物。

Lamassu，也被叫作Aladlammu，是亞述人神話觀念中的守護神，早期可能出現在普通人家庭中，一般是刻在黏土版上，然後埋在進門口的門檻下。之後被納入宮廷圖像，稱為王室的守護者，牠的雕像被成對安置在宮殿的入口處，也被成對設置在城邦的城門口，都雕塑得非常巨大。

這些雕像一般有著人的頭，頭上佩戴著帶角的頭盔，有牛或獅子的身體，以及一對巨大的鳥翼，在早期版本中，牠們被雕刻有五條腿。有人認為拉瑪蘇的人首代表著智慧，公牛或獅子的身體代表著力量，鳥翼代表迅捷，帶角的頭盔代表神性。從正面看這些雕像，牠們是站立鎮守狀，從側面看這些雕像，牠們是踱步巡走狀。雄性的拉瑪

新亞述時期杜爾舍魯金（khorsabad）的拉瑪蘇圖像，年代大約是西元前七二一至西元前七〇五年。

蘇或拉瑪蘇對應的雄性形象，被稱為舍杜（šed），有人提出雌性的拉瑪蘇也有專門的稱呼，叫作apsasû。

近東、中東地區常見這種長有翅膀的人獸混合體，第一個拉瑪蘇的形象出現在新亞述帝國的提格拉特帕拉沙爾二世（Tiglath-Pileser II）統治時期，被視為權力的象徵。拉瑪蘇的形象可能源自古代美索不達米亞天體、黃道帶或星座，像是它們的縮影。亞述人將它們視為保護神，可能因為在神話觀念中，它們是某種包含了所有生命的存在。

Lamassu一詞也在《吉爾伽美什史詩》中出現過，被描述為自然之靈，在整個美索不達米亞歷史中有著不同的演變。到了新亞述王國時期，將這種有翼人首牛的形象稱為拉瑪蘇。也有人認為牠源自蘇美神話中的拉瑪女神lama，這一時期，牠是人的形象，穿著長長的分層長袍。從阿卡德人起就將拉瑪女神稱為拉瑪蘇，之後，牠的形象演變為有翼的公牛或獅子，長著女人的臉或頭，保護寺廟和宮殿免受混亂和邪惡力量帶來的侵擾，Lamassu一詞的意思就是守護神。

古猶太人受到亞述人的影響，在《以西結書》中出現了一種由人類、獅子、鷹和公牛組成的異像，被稱為四活物，或基路伯（Cherub），基路伯後來又被稱為智天使。

四活物又被認為是對四福音書的預表（typology），而人類、獅子、鷹、公牛和《馬太福音》、《馬可福音》、《路加福音》、《約翰福音》的對應關係各有不同。

其中有獅子對應《馬可福音》的說法，威尼斯人將聖馬可（Saint Mark the Evangelist）的遺骨遷移到威尼斯城市中，所以城市裡處處可見有翼的聖馬可之獅（Lion of Saint Mark）。

1-10 提阿瑪特 TIAMAT

巴比倫的創世史詩叫作《埃努瑪．埃利什》（*Enûma Eliš*），這個名稱出自史詩的一句話：「Enûma Elish」，在國學大師饒宗頤編譯的《近東開闢史詩》中將其翻譯為「天之高兮」。史詩中提到了世界一開始是一片溟濛、混沌，神格化的鹹海「提阿瑪特」和神格化的淡海「阿卜蘇」（Apzu），是充滿於世界的原始之水，將兩者的水混合在一起就創造了神祇。這時提阿瑪特還是和平的創世神，被視為是使一切具形的創造生命的源流。

隨著新神的誕生，提阿瑪特、阿卜蘇和新神們之間出現了矛盾。阿卜蘇認為新神正在計劃殺掉並取代他，新神埃亞認為阿卜蘇計畫消滅他們，於是俘虜了阿卜蘇，並且囚禁起來，形成深淵。而金固並沒有站在埃亞這一邊，他

西元前八世紀新亞述時期的滾筒印章，可能描繪了《埃努瑪・埃利什》中提阿瑪特之死。

將埃亞的作為告知提阿瑪特，於是提阿瑪特把天機表賜予了金固，並與他結合，在開戰之前，提阿瑪特生下十一種怪物，交由金固號令。雖然埃亞不敵，但是太陽神烏圖的兒子馬杜克最終戰勝了提阿瑪特，馬杜克用邪惡之風使她喪失能力，又用弓箭將她射殺。他用權杖將提阿瑪特的頭顱擊碎，切開她的血管，將她的身體一分為二，挖出肋骨作為天之穹頂，尾巴變成了銀河，她哭泣的雙眼化為幼發拉底河和底格里斯河的源頭。金固也被馬杜克梟首，用他的血液和提阿瑪特身體形成大地上的紅土混合，創造出了人類，作為眾神的僕從。

很多時候，提阿瑪特往往被作為龍形，或者具有龍尾的形象，但在《埃努瑪・埃利什》中並不能完全確定她的形象，其中提到她有尾巴、大腿，以及可以一起擺動的身體下部，並有腹部、乳房、肋骨、脖子、腦袋、眼睛、鼻孔、嘴巴和嘴唇，內臟器官有心臟、動脈和血液。

馬杜克殺死提阿瑪特的事蹟在不同文化、不同文明中有很多相類似的神話，譬如尼努爾塔擊敗安祖鳥，巴力（Baal）擊敗海神雅姆（Yamm），耶和華制伏了利維坦（Leviathan），阿波羅（Apollo）射殺皮同（Python），海克力士（Heracles）殺死拉冬（Ladon）、海德拉（Hydra），聖喬治（Sanctus Georgius）屠龍，乃至中世紀種種屠龍神話等等。有人認為這些神話是人類社會從母系轉向父系的過渡，提阿瑪特和龍之類其他古代怪物形象源自古老的大母神崇拜神祇，這種崇拜是由女性主導，這些神祇是崇高並且和平的。而神話中將她們暴力化、汙名化，被男性主神英雄征服、屠殺，是男性主導的神祇信仰推翻女性主導的母神信仰的表現。

CHAPTER 2

埃及神話

貝斯，埃及神祇，相貌醜陋、身材低矮，是音樂、舞蹈、幽默、性生活的守護神，在婦女之中很有人氣。也是房屋、婦女兒童和生產的保護神，常被用作珠寶、鏡子、廁所的裝飾，起源自努比亞（Nubia）。

長有兩對羽翼，頭戴Atef皇冠的貝斯，也被稱為Bes Pantheos，除去青銅雕像、浮雕之外，一般被雕刻在魔法寶石上，作為Talismans（護身符）。上面有公羊角、聖蛇烏拉埃烏斯（Uraeus）、太陽盤，長有兩對平行的翅膀，還有兩條尾巴，一條是鳥尾羽，一條是鱷魚尾巴，腳的形狀是胡狼頭的模樣。寶石背面常常刻有希臘語的咒語，譬如ιαω ευλα μωιευηηυ αεεητη ιιωοο ουυυυυυωωωωω ωωω；或者νυνναεικω κικοκι等等。

丹達拉神殿（Dendera）的貝斯浮雕像。

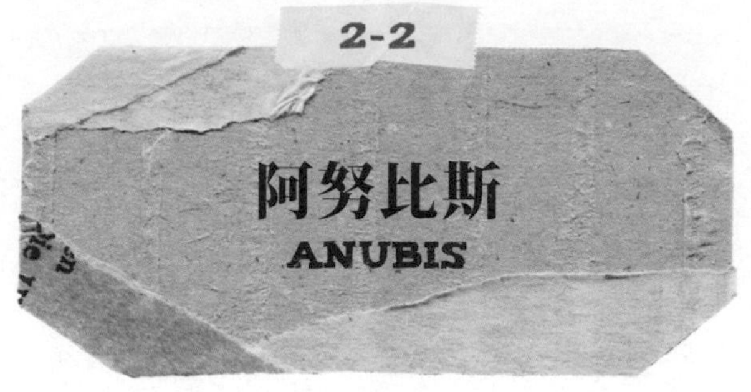

Anubis是希臘人對牠的稱呼，有人認為根據聖書體的標記，牠的名字在古埃及語中可能發音為[a.ˈna.p^{h}a]。阿努比斯往往表現為一隻犬科動物，或者長有犬科動物頭的人形。考古學家曾經認為這種犬科動物是亞洲胡狼，現在認為是非洲金豺。

在早王朝時期，阿努比斯往往被表現為完全的動物形態，在古王國時期成為最重要的死神。中王國時期被冥神歐西里斯（Osiris）取代，羅馬統治時期出現了牠作為使者握住亡者手指來到歐西里斯處的場景。和牠的神格演變類似，阿努比斯的血緣關係也幾經變化。早期神話中牠被認為是太陽神拉（Ra）的兒子，之後又被認為是牝牛女神西塞特（Hesat）或芭絲特（Bastet）之子，也有人認為牠

托勒密時期埃及的阿努比斯塑像，年代大約是西元前三三二年至西元前三〇年。

是拉和奈芙蒂斯（Nephthys）所生，還有人認為牠是奈芙蒂斯和歐西里斯所生，被女神伊西斯收養。阿努比斯常常被表現為黑色，有人認為黑色象徵生育力、重生，是屍體木乃伊化之後的顏色，也是尼羅河肥沃淤泥的顏色。

Ammit，也被稱為Ammut，意為吞噬者或食骨者，長有鱷魚或狗的頭，獅子或豹的上半身、河馬下半身的合成獸。人的心臟經過冥界杜阿特（Duat）的天平審判後，若比瑪特（Ma›at）雕像或象徵牠的鴕鳥羽毛重，就會被阿米特吞噬，被吞噬者永遠不能進入天國樂園雅盧（Aaru）。不同版本中有稱阿米特會吞掉整個人，還有心臟會被扔進火湖，或阿米特只是火湖的看守等說法。

西元前一千三百年的死者之書，其中有阿米特的形象。

Taweret一詞的意思是「偉大的」。塔維瑞特女神的形象是河馬頭、鱷魚背和尾、獅子後腿且腹中懷孕的形象，司職生育、回春，是孕婦和新生兒的保護神，手持類似Ω形狀的護身符環結。埃及人對雌河馬的崇拜在前王朝時期就已經存在，一直持續到羅馬統治時代，也被努比亞、黎凡特（Levant）地區和米諾斯文明（Minoan civilization）所吸收。

西元前四世紀埃及彩陶釉的塔維瑞特女神像。

阿佩普（Apep），也叫阿波菲斯（Apophis）。混沌之主，太陽神拉的宿敵，每天都試圖吞下太陽。有些版本認為阿佩普每天都在日落之山等待拉，阿佩普可以用目光壓倒拉等一干神，而地震就是牠在移動，雷暴是牠和力量之神賽特（Set）在戰鬥。為了保護太陽神拉，和拉信仰融合的芭絲特會變為貓來捕殺阿佩普。

拉美西斯一世（Ramesses I）到拉美西斯二世（Ramesses II）統治時期的阿佩普壁畫形象。

早期埃及人將黃鶺鴒作為創世神阿圖姆（Atum）的象徵符號，這被認為是貝努鳥的前形態。新王國時期的貝努鳥往往表現為長著長喙、戴著雙羽冠的蒼鷺，牠會棲息在奔奔石（Benben）或柳樹上。奔奔石與太陽神拉有關，柳樹與歐西里斯有關，所以貝努鳥有時也會佩戴阿特夫王冠（Atef Crown）。有人認為作為貝努鳥原型的蒼鷺曾經廣泛分布在阿拉伯半島上，但現在已經滅絕。

貝努鳥可能在赫利奧波利斯（Heliopolis，古埃及的城市）受到崇拜，可能菲尼克斯（Phoenix，希臘神話中的不死鳥）的神話也源自貝努鳥。古希臘作家希羅多德說，赫利奧波利斯人曾經向他提到過菲尼克斯，牠長得像有紅色和金色羽毛的老鷹，看到之後會使人想到太陽，能活

西元前二世紀的貝努鳥模印。

五百年，然後死去。牠的後代會將沒藥（myrrh，萃取自沙漠一種植物）揉成球，把裡面挖空，將老鳥的屍體放進去，用沒藥將開口封上，然後把牠從阿拉伯帶回赫利奧波利斯，存放到太陽神廟裡。

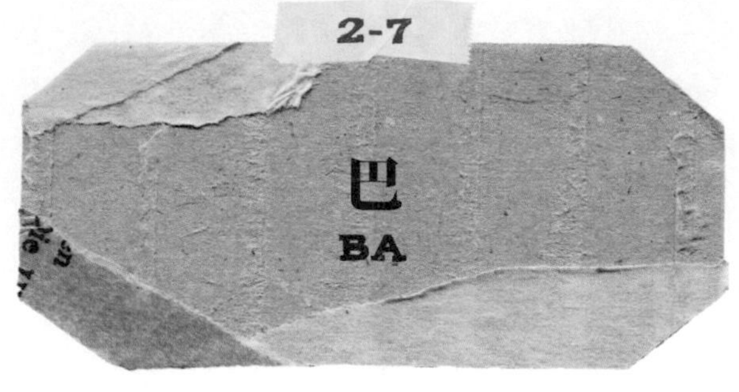

巴一般為人首鳥形象，也有人首獵鷹形象，早期指靈性之力，繼而泛指各種巨怪化身。神祇也擁有巴，譬如在孟菲斯神系中，卜塔－賽克－歐西里斯是拉的巴，在赫利奧波利斯神系中貝努鳥是拉的巴。也是每個人體內的身魂Bau（Ba的複數），人在經過正確儀式製成木乃伊後，巴會在白晝追隨太陽，夜裡必須回到處於地下的肉身中。

托勒密時期的巴雕像，年代為西元前三三二年到西元前三〇年或者更晚。

埃及、美索不達米亞神話中長著和蛇一樣長脖子的豹，或是有著豹的身體，長有蛇、龍的脖子和頭顱，有人稱之為蛇豹獸。在埃及牠是混沌的象徵，在美索不達米亞牠是讓地下湧現出生命的神祇。

法老納爾邁（Narmer）石板上的蛇頸豹形象。

CHAPTER 3

希臘神話

摩羯在拉丁語中被稱為Capricornus，意為長角的山羊、山羊角或長著類似山羊角的生物。最常出現的是黃道十二星座中的摩羯座形象，是一種上半身為羊，下半身為魚的怪獸。相比起來，牠幾乎可以說是黃道十二星座中最為奇怪的形象，找遍各種不同文化，也沒有其他地區將羊和魚結合起來。

有人認為牠的這種形象源自蘇美文明，是智慧之神恩基（Enki）的象徵符號。en在蘇美語中可能是一種大祭司的頭銜，後來引申為國王，ki的意思可能是指大地，恩基的字面意思就是大地之王。恩基傳授人們生存的技藝，建立文明的規則，從水底升起人類的第一座城邦埃利都，在恩利爾發動大洪水毀滅原初人類時，救下了烏特納匹斯

波蘭天文學家約翰·赫維留斯（Johannes Hevelius）的著作《赫維留斯星圖》（*Firmamentum Sobiescianum*）中的摩羯座。

提姆，是人們崇拜的善神。他的象徵物包括山羊和魚，長久下來，人們將山羊和魚的形象結合，構成了一種叫作MULSUUR.MAŠ的形象，直譯過來就是山羊魚。牠在青銅時代的美索不達米亞天文系統中標誌著冬至。

美索不達米亞的天文系統，影響了希臘天文系統。山羊魚也流傳到希臘，被希臘人使用成為本土化傳說。關於山羊魚的傳說中，有兩則說法流傳最廣泛。一種說牠是哺育宙斯羊奶的山羊，叫作阿馬爾塞（Amalthea），宙斯之父克洛諾斯（Cronus）擔心自己會被後代取代，於是將子女全部吞噬，他的妻子瑞亞（Rhea）用石頭和宙斯調包，把他藏到克里特島的山洞中，讓山羊阿馬爾塞用自己的羊奶哺育宙斯成長。宙斯在玩鬧中將山羊阿馬爾塞的一支角折斷，這支角化成神話中的豐饒之角，牠的拉丁語名稱山羊角Capricornus來自於此。有些版本的神話中提到，失去一支角的阿馬爾塞成為傳說中的獨角獸。

另一種說法更加廣為人知。巨人提豐（Typhon）闖入眾神的盛宴，大肆破壞，眾神猝不及防，紛紛變化成為動物逃走，其中山林之神潘（Pan）躲進水中，給自己變了一條魚尾巴後逃走。因為潘本來是半人半羊，加上魚尾之後，就形成這種半羊半魚的形象。

由此歐洲的摩羯座形象就開始在山羊和山羊魚之間來回，甚至出現山羊的下半身是一支羊角、螺殼、雲朵等等更奇怪的變體。同樣受到影響的還有中東地區，除去一般的山羊模樣之外，還有山羊魚的形態，不過這些形態上往往被加上鳥爪、鳥翼等新部位。傳入印度之後，山羊魚的形象又被印度本土化，將其等同於摩伽羅（Makara），也就是摩羯。摩伽羅在印度神話中往往是水神或河神的坐騎，形象並不固定，原型可能是鯨、鱷魚，也可能是印河豚，因此往往會融入這些動物的特徵，再加上象鼻、孔雀尾羽等。不過印度並非沒有半羊半魚的摩羯形象，在蒙兀兒王朝（Mughal Empire）時期，就出現上半身為印度黑羚，下半身為鱷魚的誇張藝術繪畫。

摩羯形象傳入中國之後形成了魚化龍、鯉魚躍龍門、螭吻等形象和傳說，傳入藏地被稱為chu-srin，是一種長有象鼻的龍，常常出現在建築飛檐和「羌姆」的面具中。傳入日本，演變成虎頭魚身的怪物「鯱」的傳說。

Hippocampus，又叫作hippocamp或hippokampoi，是希臘語中hippo加上campus。hippo是hippos一詞的變形，指的是馬，campus指的是海怪、海生物，銜接起來組成一個詞，就翻譯為海馬。

海馬的形象一般是上半身為馬，下半身為魚，即便在有些形象中前胸和前蹄有魚的變形，但頭和脖子保持著馬的形態。牠的魚尾往往很長，而且可以像蛇那樣蜷曲，但長有海魚般的斑紋、斑點和魚鰭。這種形象早期出現在小亞細亞、希臘、伊特拉斯坎（Etruria）、羅馬的裝飾圖畫和器物中。

海馬形象的起源可能和小亞細亞地區的文明關係密切，這種形象最早也出現在小亞細亞地區。在西元前四

出版商尼古拉斯·德·布魯因（Nicolaes de Bruyn）出版的版畫《水生動物，包括海馬》（*Fantastische waterdieren, onder andere zeepaard*）。

世紀腓尼基推羅城（Tyre）的錢幣上，可以發現美刻爾（Melqart）騎著海馬的形象。美刻爾是推羅城的守護神，這名字在腓尼基語中可能意為城邦之王，他被視為王室的先祖，對應蘇美神話中的涅伽爾，之後又和希臘神話中的海克力士合一，迦太基的名將漢尼拔（Hannibal）就信仰美刻爾。

在希臘和羅馬神話中，海馬是海神波賽頓（Poseidon）和其他海洋神祇的坐騎，或是神祇駕馭的海馬車。古希臘數學、天文學家阿波羅尼奧斯（Apollonius of Perga）的《阿爾戈英雄紀》（*The Argonautica*）中就提到海洋神祇駕馭海馬車的場景，伊阿宋（Easun）一行人來到利比亞的鹹水特里托尼斯湖，這座湖屬於水仙女寧芙（Nymph），伊阿宋一行人在此看到海后安菲特里忒（Amphitrite）駕著海馬車從湖中躍出。

古羅馬時代的文學家斯塔提烏斯（Statius）在他的著作《底比斯戰紀》（*The Thebaid*）詳細描述了海馬，尼普頓（Neptune，對應於希臘神話的波賽頓）讓他的海馬捲起愛琴海的浪潮、四處氾濫，牠們的馬蹄拍打著海岸的沙子，牠們的魚尾則在水下擺動。這裡的描寫更像是對海嘯一類自然災害的擬物化，這點並不意外，因為波賽頓身兼海神和馬神，西方常常將海浪比喻奔騰的馬群。斯塔提烏斯在他未完成的史詩《阿喀琉斯紀》（*The Achilleid*）描述尼普頓駕馭海馬車的場景，海神高高聳立在平靜的海面上，用他的三叉戟驅使著海馬，牠們的前腿在激起的水花和泡沫中飛馳，而後尾將這些動盪的痕跡抹去。

海馬的形象在中世紀得到延續，並在文藝復興時期被廣泛應用到紋章上，作為水的象徵，用於祈求出航平安。同時有趣的是，應用到紋章上的神話海馬被稱為seahorse，而現實生物形象的海馬在紋章學中反而被稱為Hippocampus。

瑞典神學家奧勞斯・馬格努斯（Olaus Magnus）在他獻給威尼斯君主和主教的海圖也描繪了海馬的形象。他描述海馬出沒於不列顛島和挪威之間的海域，常常被人們看作長有類似馬的頭，也能像馬那樣嘶鳴，有牛一樣的腿和腳，體型能長到像牛一樣大，有魚一樣的分叉狀尾巴，能在陸地和海中覓食，一般食用青草、海草。

在眾多不同版本的神話中，都提到天馬是從美杜莎的脖子中誕生的。有些神話稱美杜莎在雅典娜神殿被波賽頓輕薄之後懷上了孩子。有人說她是脖子受孕，所以被柏修斯斬首後，從脖子誕生出天馬和巨人克律薩俄耳（Chrysaor），也有人說他們倆是從美杜莎的血泊誕生的。還有說法稱他們是由美杜莎的血液和大海泡沫混合而產生。

如果不瞭解波賽頓這個神祇來由的話，往往會對波賽頓和美杜莎的組合生出天馬這一神話感到疑惑。波賽頓的神職除了最著名的海神之外，還有地震之神和馬神。希臘神話中往往將地震、火山之類的自然災害歸咎為巨人，所以波賽頓的後代中有很多巨人形象。同時波賽頓還是馬

希臘拉科尼亞（Laconia）發現的基里克斯杯（Kylix）內部的圓形畫，為柏勒洛豐、天馬與喀邁拉，年代大概為西元前五七〇年至西元前五六五年。

神，是他將第一匹馬帶給人類，所以天馬是他的後代。而Pegasus這個名稱也揭示了天馬的海洋血統，古希臘詩人赫希爾德（Hesiod）認為Pegasus的詞源是pēgē，意思是泉或井，稱俄刻阿諾斯海（Oceanus）的泉眼是牠誕生的地方。也有人認為Pegasus一詞源自安納托利亞，是盧維人的神祇Pihassassi，意思是閃電。天馬飛昇到奧林帕斯，為宙斯背負閃電與雷聲，成為宙斯的雷霆之馬。也有人將牠視為愛神厄洛斯（Eros）之馬，在群星之間馳騁而稱之為天馬。

柏勒洛豐（Bellerophon）是古希臘神話中的英雄，與其他希臘神話的英雄不同，他沒有奧林帕斯神的直系血統。他的祖父是睿智但被眾神責罰的薛西弗斯（Sisyphus），所以當他騎著天馬想要去奧林帕斯與眾神集會時，被宙斯派出的牛虻阻撓，後來這隻牛虻被宙斯升上星空，成為蒼蠅座。但一開始，柏勒洛豐還是得到諸神的眷顧，為了協助他對抗怪物喀邁拉（Chimera），雅典娜（Athena）指點他向波賽頓祭祀，還送了一個金轡頭，幫助他馴服天馬。最後在天馬的協助下，柏勒洛豐殺死了喀邁拉。

天馬往往被描述為全身白色，赫希爾德堅持認為牠沒有翅膀，不過古希臘抒情詩人品達（Pindar）、古希臘作家歐里庇德斯（Euripides）等人卻明確地提到牠的翅膀。

也許是受到誕生於俄刻阿諾斯海的泉眼傳說所影

響，天馬還有很多用馬蹄踏出泉水的傳說。譬如牠剛誕生時，在赫利孔山（Helicon）上一腳踏出希波克里尼之泉（Hippocrene），在特羅曾城（Troezen）、佩瑞涅泉（Peirene）也有類似的傳說。希波克里尼之泉是詩人的靈感源泉，也被稱為繆斯之泉，傳說柏勒洛豐就是趁天馬在泉邊喝水時抓住牠，所以到了後世，牠也被稱為繆斯之馬。

不論是在品達、偽阿波羅多洛斯（Pseudo-Apollodorus）或是西西里的狄奧多羅斯（Diodorus Siculus）的描述，半人馬誕生的神話傳說都大同小異。一般說來是伊克西翁（Ixion）愛上了天后希拉（Hera）並試圖強姦她，希拉告知宙斯之後，宙斯用雲塑造成希拉的樣子，這片雲叫涅斐勒（Nephele）。伊克西翁和涅斐勒交合後，涅斐勒誕下了半人馬，而伊克西翁被宙斯懲罰，捆綁在輪子上。另一種說法稱，涅斐勒誕下兒子之後，他的兒子又和馬格尼西亞（Μαγνησία）的母馬交合，才誕生了半人馬這種族群。也有一種說法稱半人馬是伊克西翁和他的母馬的後代。又或者是，宙斯變成一匹馬，引誘伊克西翁的妻子，並誕下半人馬。

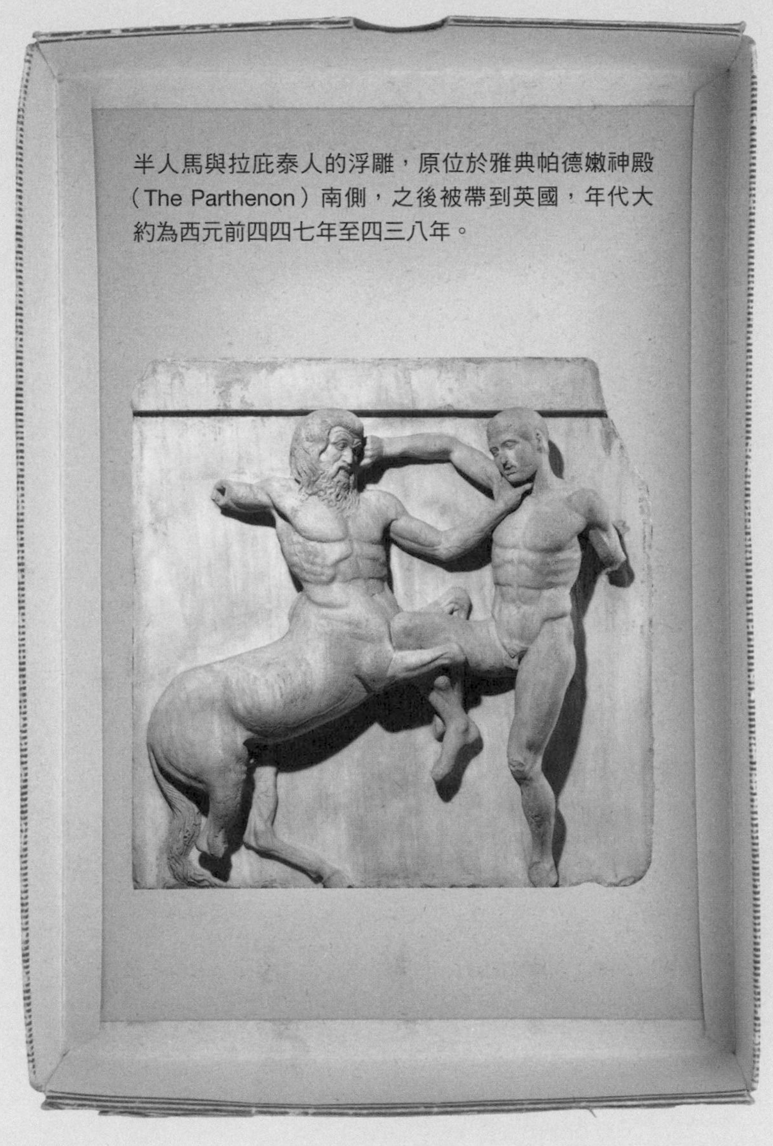

半人馬與拉庇泰人的浮雕，原位於雅典帕德嫩神殿（The Parthenon）南側，之後被帶到英國，年代大約為西元前四四七年至四三八年。

又有傳說稱賽普勒斯（Cyprus）也存在半人馬，這裡的半人馬是阿芙蘿黛蒂躲過宙斯的追求，宙斯將自己的種子灑在賽普勒斯，從地中生出了半人馬。這裡的半人馬頭上長有角。

傳說中的半人馬主要分布在塞薩利地區（Thessalia）的馬格尼西亞和皮立翁山（Pelion）、伊利斯（Elis）的橡樹森林和拉科尼亞南部的馬里阿角（Cape Maleas）。

在古希臘藝術主題中，拉庇泰人（Lapiths）與半人馬的戰鬥非常受歡迎。半人馬在希臘人觀念中是野蠻的種族，他們特別嗜酒，拉庇泰人的國王皮瑞蘇斯（Pirithous）是伊克西翁的兒子，和半人馬是親屬，他與希波達彌亞（Hippodamia）結婚時，也邀請半人馬來參加婚宴，半人馬狂飲葡萄酒，酒後亂性，想要將新娘搶走，其他的半人馬也都每個搶一個女性。在忒修斯（Theseus）的幫助下，拉庇泰人擊敗了半人馬。有人認為這則傳說源自當地的搶婚習俗。

古希臘一般存在三種不同的半人馬形象，一種是以人的上半身取代馬的頭顱和脖子，第二種是人的上半身接著馬的下半身，第三種從前肢的部位就表現為馬蹄。之後還出現過有翼的人馬形象。

老普林尼在《自然史》中試圖對半人馬傳說進行合理化的解釋，其中說塞薩利人發明了馬背上作戰，他們被稱為Centauri，居住在皮立翁山上。

後世的人進一步闡釋，騎在馬背上狩獵是塞薩利人的一種民族習俗，早期塞薩利人會在馬背上度過大半生。這些習俗給周邊生活的族群造成一種人馬合一的印象，這種印象以訛傳訛，誕生了半人馬的傳說。

盧克萊修・卡魯斯（Titus Lucretius Carus）也在《物性論》（*De rerum natura*）提到，馬成長到三歲已經是一匹成馬，而人類的三歲卻還只比嬰兒大一點，從生物的發育週期上考慮，人馬這種動物不可能存在。

現代學者試圖從古印歐人的角度來考證半人馬的傳說，猜測牠可能起源於前希臘時代，是古印歐人對以馬為象徵的大地之崇拜，生成的文化記憶留存。半人馬Centaurs一詞起源不詳，有人將ken-taurs解釋為殺公牛者，認為是來自涅斐勒村莊的弓箭手，殺死了禍害伊克西翁王國的公牛，於是得名ken-taurs。

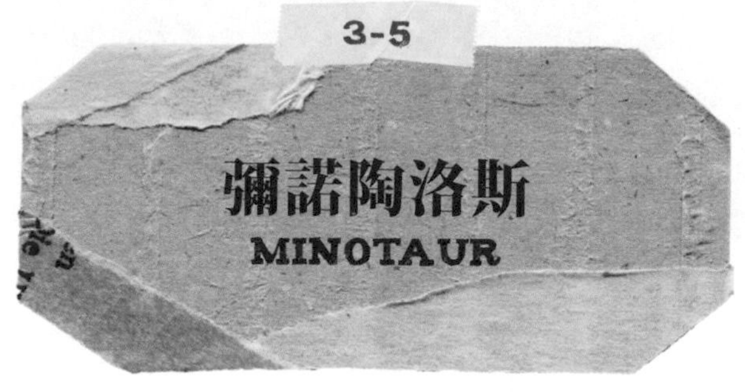

Minotaur一詞為合成詞，前半部分的Minos是指克里特國王米諾斯，後半部分的taur是taurus的簡化，意思是公牛，合在一起的意思就是米諾斯的公牛。

傳說中彌諾陶洛斯出自克里特島，國王米諾斯將自己兄長、克里特島的前國王拉達曼迪斯（Rhadamanthus）趕下王位，為了使自己的王權穩固，他向海神波賽頓祈禱。波賽頓賜給他一頭白色健壯的公牛，然後讓米諾斯獻祭給自己。但是米諾斯卻將公牛私藏起來，用另一頭公牛代替獻祭，這種伎倆當然逃不過波賽頓的眼睛，於是米諾斯的妻子帕西菲（Pasiphae）被波賽頓詛咒，愛上公牛。她讓能工巧匠代達羅斯（Daedalus）製作一個中空木牛，自己躲在裡面，讓公牛與自己交合，最後產下半人半牛的彌諾

大約西元前五一五年的基里克斯杯內部的圓形畫。

陶洛斯。

帕西菲將牠撫養長大，但牠始終是一個怪物，性情凶暴，以人為食。為了處置彌諾陶洛斯，米諾斯在德爾菲（Delphi）祈求神諭，最終他讓代達羅斯建造一座迷宮，將彌諾陶洛斯關在迷宮中。後來米諾斯為報殺子之仇進攻雅典，雅典人也向德爾菲祈求神諭，神諭告訴他們每年要向克里特獻上七對童男童女，這七對童男童女被米諾斯送進迷宮作為彌諾陶洛斯的食物。於是忒修斯登場，自告奮勇充當祭品，在此之前，他自己向愛神阿芙蘿黛蒂獻祭。忒修斯來到克里特島後，被米諾斯的女兒阿里阿德涅（Ariadne）看上，於是交給忒修斯線團和利劍，讓他將線團綁在迷宮的入口，利劍則用來殺死彌諾陶洛斯。

神話之中總是隱含歷史的蛛絲馬跡，克里特島文化確實存在著公牛崇拜。不僅在器具、雕像、壁畫上表現出來，同時還曾經盛行鬥牛，公牛往往被作為豐收的象徵，這種對公牛的崇拜也可能是受到近東文明的影響。

特里同是希臘神話中海神波賽頓和海后安菲特里忒的兒子，牠的形象往往為半人半魚，同時，和常見的人魚也不一樣，人們在牠的形象上賦予很多魚鰭作為細節，而在常見的人魚形象中，魚鰭上往往只表現尾鰭，非常簡單化。

特里同在神話中的隨身配件有兩種，一種源自牠的父親，由魚叉演變而來，象徵大海威權的三叉戟；另一種是螺號，這只螺號的聲音非常刺耳並且巨大，就像潛伏在深淵中的巨獸發出的咆哮，能吹飛巨人，喚起或平復海浪，帶來潮汐。

特里同的外表奇特，由此衍生出一個叫作特里同斯（Tritons）的種族。希臘地理學家保薩尼亞斯（Pausanias）

古希臘提水罐上的黑繪，描繪的是特里同與海克力士的戰鬥，年代大約在西元前五六〇年至西元前五五〇年之間。

在著作中記載，特里同斯的頭上長著和沼澤蛙一樣的毛髮，不僅僅是顏色相似，這些毛髮連成一體、不能分開，牠們身體上其他部位的皮膚就像鯊魚皮一樣非常粗糙，牠們的腮長在耳朵以下的位置，同時也長有鼻子，嘴巴比人更寬，嘴裡面長滿了野獸般的尖牙利齒，眼睛看起來都是藍色的。牠們的手、手指、指甲看起來就像是骨螺，肚腹以上長著海豚一樣的尾巴。

凱克洛普斯是傳說中的雅典國王，根據古希臘歷史學家斯特拉波（Strabo）的說法，Cecrops一詞可能不是出自希臘語，意為cerc-ops（尾巴—臉部）。傳說中他生自大地，上半身是人形，下半身是蛇尾或魚尾，他是雅典的建城者和第一任國王，向雅典人傳授關於婚姻和葬禮的儀式知識，教育雅典人閱讀和書寫。這裡使人聯想到美索不達米亞的七賢者神話：人身魚尾的賢者傳授人類知識，成為人類的國王，也是人身魚尾的神恩基建立人類的城邦埃利都。

傳說中凱克洛普斯是第一個崇拜宙斯的人，他也是第一個建造祭壇和神像的人，他要求人們以牛角形的麵包作為祭品，奉獻給神靈，並禁止以其他任何東西向

雅典發現的雅典娜、凱克洛普斯與蓋亞（Gaia）的陶板，年代大約為西元前五〇〇年至四五〇年。

神靈獻祭。他將人們分為四個部族，分別是Cecropis、Autochthon、Actea和Paralia。在為雅典城選擇守護神時，有雅典娜和波賽頓兩位神祇競爭，競賽內容大概是賽跑，雅典娜和波賽頓向雅典城跑去，最終凱克洛普斯判定雅典娜獲得勝利，成為雅典的守護神。

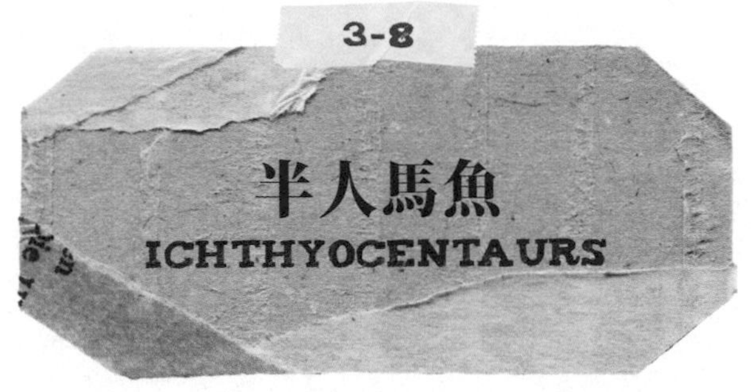

半人馬魚是希臘神話中一種兼具人魚和半人馬特徵的傳說生物，在藝術品中，一般表現為上半身為人，下半身是馬的前蹄和魚的尾巴，頭上的角往往被表現為龍蝦或螃蟹的螯爪。牠的名字Ichthyocentaurs是一個合成詞，由ichthyo和centaur構成。ichthyo源自希臘語中的ιχθύς，意思為魚，centaur是半人馬。

有人認為半人馬魚的原型可能源自腓尼基神話，在腓尼基神話中，阿斯塔特（Astarte）誕生後，由形象類似於大袞（Dagon）的聖魚帶上岸。阿斯塔特司職土地豐饒和人口生育，她對應美索不達米亞神話中的金星女神伊絲塔，與希臘神話中的阿芙蘿黛蒂同源。

希臘人為什麼要將人魚和半人馬的形象進行混合，

畫家喬爾喬・瓦薩里（Giorgio Vasari）繪製的The first fruits from earth offered to Saturn，年代為西元一五五五年至一五五七年。

還需要進一步考證，在神話傳說中最著名的半人馬魚是一對兄弟，叫作Aphros和Bythos。Aphros意為海的泡沫，Bythos意為海的深度，傳說中牠們的父親是克洛諾斯，母親是菲拉雅（Philyra），和著名的智者半人馬凱隆（Chiron）是兄弟。在科馬吉尼（Commagene）時期的澤烏瑪（Zeugma），人們發現這兩兄弟出現在阿芙蘿黛蒂誕生的場景中，牠們從海裡托起阿芙蘿黛蒂的貝殼，還有人認為兩兄弟中的Aphros是阿芙蘿黛蒂的養父。

兩兄弟的形象常常成對出現，還與酒神戴歐尼修斯（Dionysus）產生過聯繫。在荷馬（Homer）的描述中，色雷斯（Thrace）正值國王來古格士（Lycurgus）當政，這時戴歐尼修斯年齡尚小，被林中仙女撫養，不料某日，來古格士在山中打獵時遇到他們，對他們發起了襲擊。戴歐尼修斯為了逃命，跳入海中，他受到Aphros和Bythos的保護和陪伴。

還有人認為Aphros、Bythos兩兄弟和雙魚座有關，是雙魚星座內的一群恆星。

關於海德拉最著名的神話自然是與海克力士有關，是海克力士的十二項苦役的第二項，牠在被海克力士殺死後，升到天空成為水蛇座（Hydrus）。

人們常常將海德拉稱為九頭蛇，但牠在神話裡，頭的數量往往是不定的。在早期的圖形中，海德拉的頭顱數量是六頭，古希臘詩人阿樂凱奧斯（Alcaeus）可能是第一個將海德拉的頭顱數量描述為九頭的人。一個世紀之後，到了古希臘詩人西莫尼德斯（Simonides of Ceos）的辭藻中，海德拉的頭顱數量增加到了五十個。而偽阿波羅多洛斯的描述裡，海德拉被描述為有八個可以被砍掉的頭和一個不朽的頭。西元前一世紀的古希臘歷史學家西西里的狄奧多羅斯將海德拉描述為一條蛇身上冒出一百條脖子，每

荷蘭藥劑師艾柏提斯・斯柏（Albertus Seba）在西元一七三四年出版的百科全書中的海德拉插畫。

根脖子上都長有一個蛇頭。

西元二世紀的希臘歷史學家、地理學家保薩尼亞斯認為海德拉也許比其他水蛇的體型要大、有致命的劇毒，但應該只有一個頭顱，以前的吟遊詩人為了讓牠聽起來可怕一些，讓自己吟唱的歌曲更受人歡迎，誇大了海德拉的頭顱數量；古羅馬詩人奧維德（Ovid）的海德拉也長有一百顆頭，而且每砍掉一顆，就會又長出兩顆。

另外的人，諸如柏拉圖（Plato）、歐里庇德斯和維吉爾（Virgil）等，都沒有提過海德拉頭顱的具體數量，往往只說很多。海克力士大戰海德拉也是古希臘黑陶瓶上常常出現的裝飾主題，在這些圖像中，海德拉頭顱的數量也不固定，有時是七頭，有時九頭，有時十三頭，往往會隨年代增加而越來越多。

就像奧維德提到的那樣，海德拉有驚人的再生能力。將牠的頭顱砍掉之後，又會長出新的，而最早提到這種再生能力的是歐里庇德斯，他說海德拉的頭顱被砍掉後，又會長出一對新的。西西里的狄奧多羅斯、帕萊法特斯、奧維德延續了這種說法，但是在古羅馬學者莫魯斯．塞爾維烏斯．諾拉圖斯（Maurus Servius Honoratus）的描述中，海德拉被砍掉一顆頭之後，會長出三顆頭。

為了制伏牠，不同人描述海克力士使用的不同辦法，有些記載是用燃燒的箭，或者是用燒紅的烙鐵去燙，或用燃燒的火把；或直接點燃海德拉周圍的樹木；或在箭頭沾上海德拉的毒液，毒液會使傷口無法癒合。因為在部分版本中海德拉存在一顆不朽的頭，所以最後還需要海克力士舉起巨石將這顆頭鎮壓在下面。

海德拉的出身一般都採用赫希爾德的說法：牠是提豐和厄喀德娜（Echidna）的後代，由希拉撫養，棲息在阿戈斯（Argos）附近的勒拿湖（Lake Lerna）或勒拿沼澤，平日會離開沼澤，吞食羊群，破壞土地。海德拉星座對應為美索不達米亞星座中的蛇座。海德拉這種多頭蛇的形象也可能源自美索不達米亞，美索不達米亞神話裡的戰爭與狩獵神尼努爾塔在遠征中，殺死了十一種怪物，其中之一就有一隻七頭蛇。

戈爾貢是古希臘非常流行的一種怪物形象，往往出現在器具和建築物上，作為怖畏、鎮壓、威嚇的象徵。牠的名稱源自希臘語的gorgós一詞，意思是恐懼，有人考證梵語中有類似的詞語，叫作garjana，這兩個詞被認為來源可能相同。這個詞的發音也很特殊，類似於咆哮，可能源自擬聲詞或者象聲詞。

戈爾貢的起源非常古老，有人認為在西元前六千年的塞斯克洛（Sesklo）考古遺址中，這種形象就已經存在；也有人認為從戈爾貢的形象和在人類文化的功能等方面考慮，牠可能與美索不達米亞傳說中的怪物胡姆巴巴存在一定的聯繫，但是在部分特徵上又和胡姆巴巴有明顯的區別。有些戈爾貢的形象會表現出獠牙，有人認為這種牙

希臘科孚島的阿提米斯神廟上的戈爾貢浮雕。

齒的形狀很像野豬牙，露出牙齒時，戈爾貢臉部會出現一種咧開嘴巴的誇張笑容。某些圖像的戈爾貢還會吐出舌頭，這一點在美索不達米亞的胡姆巴巴、埃及的貝斯神，甚至印度迦梨女神（Kali）的形象上都有呈現，這種張目吐舌的形象或許在一段時間裡、不同人類文化中有著類似的含義。

戈爾貢的張目和雅典娜有文化上的關聯，戈爾貢的眼睛和雅典娜閃爍的眼睛，都可能是一種古希臘文化中的符號，有人稱之為神聖之眼，特別是也出現在雅典娜的聖鳥貓頭鷹的文化形象上。這種眼睛也可以被符號化為螺旋、輪子、同心圓、萬字符、火輪等標誌，戈爾貢的手、腳、翅膀常常被設置成順時針或逆時針的同一方向，可能就與此有關。

早期戈爾貢的形象並沒有現在常見的蛇尾，但牠確實具有一些爬行動物的特徵，主要表現在頭髮上。常見是由帶子束成的辮子，頭頂是渦卷狀的頭髮，或是蛇纏繞著頭髮，或從頭部長出的蛇，譬如科孚島（Corfu）的阿提米斯神廟（Temple of Artemis）上的裝飾。這可能與希臘早期龍蛇崇拜有關，古老的神諭會受到蛇的保護，戈爾貢的形象往往被裝飾在神廟上，因為牠與蛇的關聯，所以也誕生了牠長有鱗狀皮膚的傳說。

在荷馬的《伊利亞德》（*Iliad*）中，戈爾貢的頭顱被裝飾在雅典娜的盾牌上；在《奧德賽》（*Odyssey*）中，戈爾貢出現在黑帝斯（Hades）的宮殿。

根據歐里庇德斯的說法，戈爾貢是由大地母神蓋亞製造出來，在泰坦神族（Titan）和奧林帕斯諸神戰鬥時，用來幫助自己的孩兒們。然後雅典娜把戈爾貢殺死，將牠的皮膚剝下來，披在自己身上。

赫希爾德可能是最早記錄戈爾貢三姐妹傳說的人，在他的《神譜》（*Theogony*）中，戈爾貢分別被命名為力量之斯忒諾（Stheno）、遠海之尤瑞艾莉（Euryale）和女王之美杜莎。牠們是弗爾庫斯（Phorcys）和刻托（Ceto）的女兒，血脈源自原始海神蓬托斯（Pontus）和大地母神蓋亞，居住在西方大洋遙遠的彼岸。而在《艾尼亞斯記》（*Aeneid*）中，戈爾貢的活動區域是在地下世界的入口處。在賽普勒斯的司塔西努斯（Stasinus）記載，牠們居住在俄刻阿諾斯海深處的岩石小島，叫作薩爾佩冬島。

之後的神話，戈爾貢三姐妹中，只有美杜莎是可以被殺死的，其餘兩位都是永生之軀。一般來說，柏修斯借助荷米斯（Hermes）和雅典娜的力量才擊敗了美杜莎。荷米斯借給他自己的鐮刀，雅典娜將自己的鏡子借給他，美杜莎的血液噴濺到了大海中或波賽頓的身上，然後從中誕生出天馬佩加索斯（Pegasus）和巨人克律薩俄耳。在有些傳說中，柏修斯將美杜莎的頭帶回賽普勒斯，在國王波里德克特斯（Polydectes）面前舉起，將整個宮殿的人都變成了石頭。也有傳說柏修斯將美杜莎的頭埋在阿戈斯。還有傳說稱柏修斯把美杜莎的頭獻給雅典娜，雅典娜將頭顱裝在宙斯的盾上，擎天神亞特拉斯（Atlas）被雅典娜用美杜莎的頭變成亞特拉斯山脈，他的鬍鬚和頭髮變成森林，肩膀變成懸崖。

有傳說稱從美杜莎左側取出的血液是一種致命的毒藥，從美杜莎右側取出的血液可以使人死而復生。古希臘數學、天文學家阿波羅尼奧斯·羅迪烏斯稱，牠的黑色血液滴入利比亞（Libya）的沙漠，每一滴都成為誕生毒蛇的巢穴。這些毒蛇只要劃破人的皮膚，就能讓人喪命，毒素會使人逐漸麻木，視線會出現黑霧，逐漸失明；四肢會逐漸變得沉重，變得無法控制。當人癱倒在地上後，身體會逐漸變冷，毒素會進一步侵蝕、腐化人的肉體，頭髮紛紛脫落。奧維德也採用這種說法，柏修斯騎著飛馬佩加索斯時，從半空中經過利比亞沙漠，戈爾貢的血液滴落到沙漠中，誕生了很多身體光滑的蛇，這些蛇的後代至今還是生存在利比亞沙漠。

其他博物誌作者的看法又不一樣，保薩尼亞斯試圖將戈爾貢美杜莎的神話合理化。他認為在父親弗爾庫斯去世後，戈爾貢美杜莎統治了居住在利比亞的特里托尼斯湖一帶的人，經常帶領這些人出去打獵、征戰。一次和柏修斯率領的部隊作戰時，在夜間遭到暗殺，柏修斯驚嘆於她的美貌，將她的頭顱割了下來，帶回給希臘人。西西里的狄奧多羅斯對戈爾貢美杜莎的神話也傾向於做理性的解釋，他認為戈爾貢是生活在利比亞的女性戰士部族，她們有著不輸給或甚至超過男性的氣概。正因為如此，柏修斯向她們發動戰爭，並且認為戰勝她們才是一次偉大的成就。

老普林尼認為戈爾貢是一支野蠻的女性部族，她們行動迅速、靈活，全身被頭髮覆蓋；西西里的狄奧多羅斯記載她們是生活在利比亞西部的女性部族，被海克力士經過利比亞時趕走。

戈爾貢在希臘神話中往往具有將人石化的力量，這一點可能和牠們是創造珊瑚礁的海上守護神有關，而珊瑚暗礁對水手而言往往是致命的，在柏修斯擊敗弗爾庫斯和刻托的傳說中，也都是將牠們變成海中的礁石。從宙斯神盾的傳說中，也可以猜測出戈爾貢的神話原型可能與礁石有關，宙斯神盾可能是對暴風雨的神化，水手在暴風雨中行船，往往會因為失控而撞上礁石。

也有人認為戈爾貢傳說與乾旱有關，柏修斯將美杜莎斬首後，出現了Pegasos和Khrysaor。穀物女神狄蜜特（Demeter）與泉水的關係自然不言而喻，Khrysaor是指金色葉片，是形容穀物成熟後的黃色葉子，狄蜜特也曾經被稱為Khrysaoros，這兩者的出現，意味著乾旱的結束。

早期賽蓮的形象是上半身為人，下半身為鳥。後來演變為上半身為人，下半身為魚的形象，就像美人魚，但依然有一對翅膀。在部分繪畫中，她還被塑造為既有魚尾，又有鳥足的形象。傳說她用美妙的歌聲迷惑人，然後攻擊陷入昏迷的人類，會在風暴來臨時歌唱，風平浪靜時哭泣。老普林尼認為她們的生存區域遠在印度。塞維亞（Sevilla）的神學家聖依西多祿（Saint Isidore of Seville）認為她們長有翅膀和爪子，因為她們擅長飛翔和攻擊人類。他還提到在阿拉伯有一種叫作賽蓮的蛇，長有翅膀，如果被牠們咬到，在產生疼痛前就會死亡。

羅馬的德拉·羅維雷宮（Palazzo Della Rovere）天花板上的賽蓮圖像，由義大利文藝復興時期畫家賓杜里喬（Pinturicchio）在西元一四九〇年創作。

3-12 斯芬克斯 SPHINX

斯芬克斯是希臘神話中一種混形生物，長著女人的頭顱和胸部，雌獅的身體，鷹的翅膀，有時候尾巴還被表現為蛇頭，也有認為牠是獅子和賽蓮形象混合形成的傳說生物。有人認為關於牠的傳說和形象並不是源自希臘，而可能是從埃及或衣索比亞傳入。

斯芬克斯一詞可能源自希臘語Σφίγξ，這個詞是希臘語σφίγγω的變體。σφίγγω的意思是擠壓、收緊，這個詞可能源自人們對獅子捕獵動作的觀察，因為獅子捕獵時習慣攻擊獵物的咽喉，死死咬住，使其窒息死亡。也有學者認為斯芬克斯一詞源自埃及，是shesepankh一詞的變體。shesepankh大概意思是活的形象，而這個詞被用來指埃及的獅身人面雕像，而不是這種怪物。

伊底帕斯與斯芬克斯，西元五世紀的基里克斯杯內部的圓形畫（現代修復）。

和大部分傳說中的凶殘生物一樣，斯芬克斯也出自怪物家族，赫希爾德稱牠是喀邁拉愛上雙頭犬歐特魯斯（Orthrus）後的產物。古希臘詩人拉蘇斯（Lasus of Hermione）則把斯芬克斯的輩分向上提了一輩，稱牠是厄喀德娜和提豐的女兒。

斯芬克斯神話中，最著名的還是和底比斯（Thebes）的國王伊底帕斯（Oedipus）有關。在偽阿波羅多洛斯的記載中，斯芬克斯是希拉派遣到底比斯的，也有說法稱牠是戰神阿瑞斯（Ares）、戴歐尼修斯或黑帝斯派去繆斯（Muses）那裡學習謎語。牠每天都守在底比斯附近的山上，向底比斯人提出謎語：什麼是早上四條腿，中午兩條腿，晚上三條腿。而在底比斯流傳著一個預言，人們猜出謎語的謎底後，斯芬克斯將不復存在。為此很多底比斯人都會去挑戰這個謎題，但他們往往猜不出來，下場是被斯芬克斯吃掉，包括底比斯國王柯瑞翁（Creon）的兒子希門。為此，底比斯國王宣布，能夠解決斯芬克斯問題的人將得到他的王國和寡居的希門妻子，最後伊底帕斯解開了謎題。

在偽阿波羅多洛斯這個版本的故事中，斯芬克斯從衛城上跳下。而在西西里的狄奧多羅斯記敘的版本，斯芬克斯是從懸崖上跳下。在偽許癸努斯（Pseudo-Hyginus）的版本，底比斯國王叫做雷厄斯（Laius），伊底帕斯是他的兒子，為了消滅斯芬克斯，雷厄斯承諾戰勝斯芬克斯者可以得到他的王國，並將自己的的妹妹喬嘉絲塔（Jocasta）嫁給他。伊底帕斯解開謎題後，斯芬克斯縱身躍下懸崖死去。

而其實，在某些版本中，還存在第二個謎語：有這樣的兩姐妹，一個從另一個出生，而另一個又可以生下另一個，這兩姐妹會是誰？謎題的答案是ἡμέρα和νύξ，意思是晝與夜。第二個謎題雖然不常見，但可能非常古老。

斯芬克斯的自然原型可能與瘟疫有關，古希臘悲劇詩人艾斯奇勒斯（Aeschylus）在《七軍聯攻底比斯》（*Seven Against Thebes*）中，將牠描述為致死、奪人性命的瘟疫。在古希臘哲學家塞內卡（Lucius Annaeus Seneca）的悲劇《伊底帕斯》中也把斯芬克斯和瘟疫聯繫起來。

Chimera一詞是希臘語Xίμαιρα的轉寫，直譯的意思應該是母山羊。在《荷馬史詩》（*Homeric Hymns*）中描述牠長著獅子的頭、山羊的身體，以蛇頭為尾巴，能夠口吐烈焰，出現在小亞細亞的呂基亞。就像《山海經》中見之則不祥的凶殘怪物一樣，牠也是災厄之獸，牠的出現總是預示著暴風雨、火山爆發、沉船等等災難。

赫希爾德的《神譜》也提到喀邁拉的形象，牠是恐怖、巨大、敏捷和強壯的生物，牠的吐息是熊熊烈火，長有三顆頭顱，一顆是灰色眼睛的獅首，一顆是長在尾部的龍首，一顆是長在中間的羊首，吐出可怕、熾熱烈焰的正是這顆羊首。後世在表現牠的形象時，這顆羊首往往會和獅首並列。更多的時候，是將荷馬和赫希爾德的記載融合

阿雷佐（Arezzo）的喀邁拉銅像，由伊特拉斯坎人（Etruscan）製作，年代可能是在西元前五至四世紀期間。西元一五五三年，因為第一代托斯卡納大公科西莫一世・德・梅迪奇（Cosimo di Giovanni de' Medici）在阿雷佐興建梅迪奇家族的城堡時而被發掘出來。

起來，讓牠的獅首、羊首、龍首並列在身體前部，而身體往往是獅身，尾巴還要加上蛇首。雖然在形象上喀邁拉長有鬃毛，但很多時候，人們認為牠是雌性，傳說牠和牠的兄弟雙頭犬歐特魯斯交配後產下斯芬克斯和尼米亞猛獅。

之後，喀邁拉在很長一段時間裡沒有出現在雕塑、繪畫中，就算是老普林尼的《自然史》都沒有記載，但他卻記載了一處叫喀邁拉的山峰。那裡是火神赫菲斯托斯（Hephaestus）的城邦，地點在古代呂基亞境內，現代土耳其的西南部凱梅爾海灘的北部懸崖上，被土耳其人稱為Yanartaş，意為燃燒之岩，是一組二十多個的天然氣噴氣口。上面燃燒的火焰是古代水手定位的標識，這可能就是喀邁拉神話的原型。

傳說喀邁拉是提豐和厄喀德娜生下的怪物之一，厄喀德娜是一種分尾蛇形、居住在深淵之中的地母形象，提豐則是象徵著大地原始之力的火山巨人。這兩者結合誕下諸多怪物的事蹟，使人聯想到相似但歷史更久遠的一則故事。這則故事出自美索不達米亞神話，提阿瑪特和阿卜蘇結合創造出眾神，但是他們和新神產生了齟齬，阿卜蘇被新神殺死，提阿瑪特為了給阿卜蘇報仇，繼而創造十一種怪物，這些怪物中就有各種合成獸，而提阿瑪特常常被後世認為具有龍蛇之形。或許提豐和厄喀德娜誕生怪物的傳說，也屬於希臘神話受到近東神話影響的表現之一。

阿克泰翁是凱隆的學生，從凱隆那裡習得一身狩獵本領。一日，他在狩獵途中不小心闖入加耳菲亞山谷的阿提米斯（Artemis）聖地，窺見正在沐浴的阿提米斯的胴體，他被迷住了，錯過逃走的時機。

阿提米斯為了懲罰阿克泰翁對自己的褻瀆，他降下詛咒，只要阿克泰翁試圖講話，就會變成一頭鹿。阿克泰翁沒有克制住自己，聽到同伴的呼喚之後，立即回應。這時阿提米斯的詛咒開始應驗，阿克泰翁開始從人形變成鹿，這時狩獵隊伍的獵犬先趕到，牠們不認識變成鹿的阿克泰翁，開始攻擊他。

阿克泰翁舉起雙手向奧林帕斯眾神祈求將他變回人形，但是諸神沒有回應，於是阿克泰翁被獵犬撕成碎片。

德國畫家老盧卡斯・克拉納赫（Lucas Cranach the Elder）在西元一五一八年繪製的黛安娜與阿克泰翁。

這種神話類型大概可以上溯到兩河流域的神話中，吉爾伽美什在對伊絲塔的嘲諷時就講到，伊絲塔將自己的牧羊人戀人變成狼，然後讓狼被牧人驅趕，被牧羊犬追捕。

薩提是潘與戴歐尼修斯融合之後產生的精怪，傳說是他們的隨從，常見的形象為半人半羊，但也有驢耳、馬耳或馬腿的形象，與狂歡放縱有關，常常被塑造有巨大的生殖器，在伊特拉斯坎、羅馬與法翁（Faun）融合，成為西爾瓦努斯（Silvanus）和法烏努斯（Faunus）的隨從。

法翁是羅馬神話中的神祇，對應的是希臘神話的薩提，但法翁和薩提原本是不同的形象。在希臘神話中，薩提的形象原本是長有碩長生殖器、驢耳或馬耳、驢尾或馬尾、矮小、醜陋，後腿為羊等獸足，並不常見。但是法翁往往是半人半羊的形象，長有山羊的角、耳朵、尾巴和後腿，以及人的上半身，更像潘神，可能轉用了潘神的形象。在羅馬神話中潘神對應的是正好是自然和豐

阿提卡（Attiki）地區發現的基里克斯杯內部的圓形畫：薩提與酒神狂女邁那得斯（Maenads），年代大概是西元前五〇〇年至四六〇年。

收之神法烏努斯，同時法烏努斯還有女性版，叫作弗納（Fauna），她是法烏努斯的妹妹和妻子或是女兒，是自然與豐產女神，兩者都是半人半羊，法翁就是他們的追隨者。也有人認為法翁是森林神祇西勒諾斯（Silenus）的追隨者。

大概是從雕刻家普拉克西特列斯（Praxiteles）開始，薩提的形象褪去獸類的特徵，被塑造成英俊的青年。這種變化被保留延續了下來，成為薩提乃至法翁的變體形象之一。

古希臘作家阿里斯托芬（Aristophanes）認為Lamia一詞源自希臘語中食道Λάμιος一詞，意指她吞食小孩的行為。拉彌亞是作為宙斯的情婦出現在希臘神話中，傳說她是利比亞的女王，為宙斯產下後代，善妒的希拉奪走她的孩子，還把她變成怪物。因為過於悲痛，於是她偷竊並吃掉其他人的孩子。

也有另外版本的傳說稱，希拉奪走她所有的孩子，而她因為過於悲痛，開始偷竊其他人的孩子，甚至吃掉這些孩子，瘋魔的行為使她漸漸變成了怪物。還有版本說是希拉的憤怒對她產生了影響，迫使她去吞噬孩童。也有傳說將拉彌亞和月陰女神黑卡蒂（Hecate）聯繫起來，讓她成為黑卡蒂的女兒，認為她的這種變形是血統造成。

英國作家愛德華·托普塞爾（Edward Topsell）在西元一六五八年出版的《四足獸史》（*The History of Four-footed Beasts*）中的拉彌亞形象。

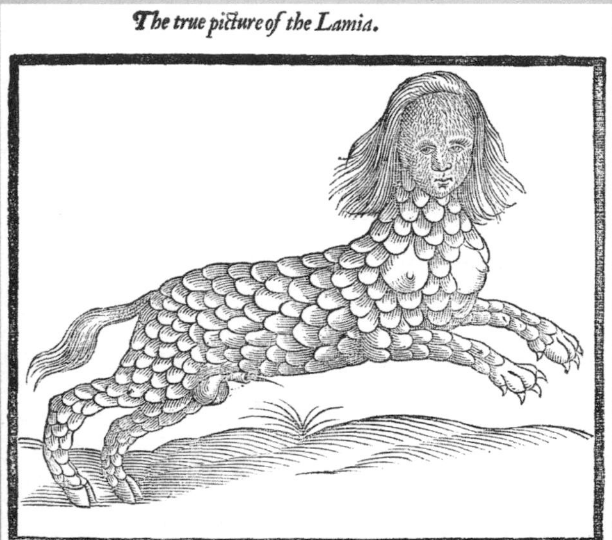

之後的傳說，拉彌亞的特性又有了新的變化，特別是因為詛咒，她變成怪物後無法閉上自己的眼睛，被奪走的孩子模樣永遠都在她眼前，揮之不去，使她陷入恆久的悲傷。於是宙斯賦予她可以暫時取下自己眼睛的能力，希望能使她得到安慰。

拉彌亞傳說之所以在歐洲長期盛行，是因為歐洲女性需要一個讓她們的孩子聽話的睡前故事，這個故事也不斷被後世民間傳說與作者賦予新的特性。在阿普列尤斯（Lucius Apuleius）的《金驢記》（*Metamorphoses*）中，拉彌亞被賦予了和巫術、吸血有關的特徵。關於拉彌亞的外形，古希臘學者費洛斯特拉圖斯（Flavius Philostratus）在《阿波羅尼烏斯傳》（*The Life of Apollonius of Tyana*）提到她是一種半人半蛇的女妖。有的羅馬公教譯文中，將莉莉斯翻譯為拉彌亞。

斯庫拉的文本記載最早可能出自《奧德賽》。她和怪物卡律布狄斯（Charybdis）比鄰，她奪去了奧德修斯（Odysseus）六名船員，其中提到斯庫拉長著十二條腿，六個可怕的頭和長長的脖子，有三排尖牙利齒，她的聲音被比作狗的叫聲。她名稱的詞源可能是skyllaros（寄居蟹）、skylax（狗鯊）或者skyllô（撕碎）。

她在古希臘器具上常被表現為上半身為女性，下半身為魚尾，腰間長有狗頭的形象。

荷馬、奧維德、偽阿波羅多洛斯、羅馬國王塞爾維烏斯（Servius Tullius）等人都採用了水仙克拉泰伊斯（Crataeis）是斯庫拉母親的說法。她的父系不明，有人提到特里同或弗爾庫斯，也有人將斯庫拉作為黑卡蒂和弗爾

義大利普利亞（Apulia）發現的器皿，上有斯庫拉的形象，年代大約為西元前三〇〇年。

庫斯的後代。如此就產生了衝突，於是有人試圖解釋，克拉泰伊斯是黑卡蒂的另一個名字，也有人將克拉泰伊斯視為黑卡蒂和特里同的女兒，還有人將拉彌亞設定為斯庫拉的母親，還有人將斯庫拉設為提豐和厄喀德娜的女兒。

後世給斯庫拉增加了起源神話，一般是斯庫拉原本非常美麗，被波賽頓或海神格勞克斯（Glaucus）所喜愛，但是受到嫉妒，在有些神話裡指稱嫉妒她的是安菲特里忒，有些是瑟西（Circe）。她們趁斯庫拉在海中洗澡時毒害她。或說是瑟西迷上了前來和她討愛情藥水的格勞克斯，所以用毒藥代替愛情藥水，讓斯庫拉變成了長有六顆頭、六條長脖子，每個頭上有四隻眼睛、三排尖牙的怪物。她有十二條觸手般的腿，一條貓尾巴，腰間還長有四到六顆狗頭。

也有傳說稱海克力士在西西里島冒險時，戰勝並殺死斯庫拉，斯庫拉的父親海神弗爾庫斯用火炬讓她復活。

斯庫拉的原型是位於義大利和西西里之間的美西納海峽（Strait of Messina）的一處陡峭岩石，附近就是卡律布狄斯漩渦。也有人認為她的原型是Skilla海岬，在地理位置上更接近荷馬的描述。

CHAPTER 4 宗教傳說

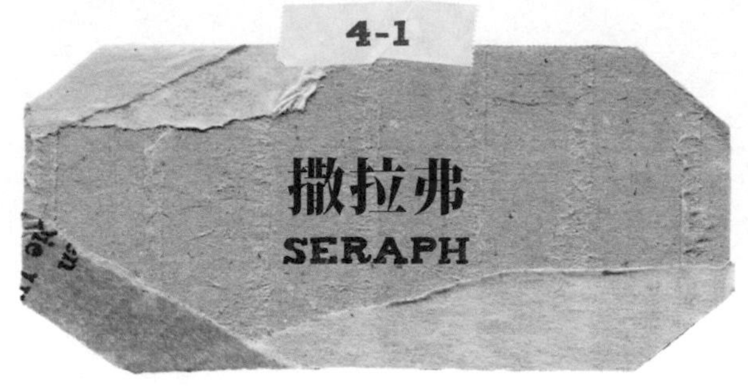

《以賽亞書》第六章中有這樣一段話：「當烏西雅王崩的那年，我見主坐在高高的寶座上。他的衣裳垂下，遮滿聖殿。其上有撒拉弗侍立，各有六個翅膀：用兩個翅膀遮臉，兩個翅膀遮腳，兩個翅膀飛翔。彼此呼喊說：『聖哉！聖哉！聖哉！萬軍之耶和華，他的榮光充滿全地！』」這段話中的撒拉弗直譯的意思是「燃燒者」或是「發光者」。也有聖經譯本將牠譯作飛龍，或者飛蛇。

在《民數記》和《申命記》中，牠被譯為火蛇，作為耶和華的派遣，襲擊以色列人。也有人認為在不同段落中，撒拉弗所指是不同的。《以賽亞書》裡是指天使，另外的情況應該是指以色列人在沙漠中遇到的毒蛇。毒蛇造成傷口的疼痛感類似火燎，而眼鏡蛇遇敵緊張時，將肋

西西里島切法盧主教座教堂（Duomo di Cefalù）穹頂上的撒拉弗馬賽克裝飾。

骨移位，頭頸部變得扁平，類似於翅膀，當然這種解釋顯得牽強。這使人想到出現在伊甸園中的古蛇形象，《創世紀》僅僅記載了蛇受到上帝懲罰後的樣子，「你既作了這事，就必受詛咒；比一切的牲口一切野獸更重。你必用肚子走路，盡你一生的日子吃土。」而古蛇之前的樣子，其中並沒有提到，不過不可能是現在蛇形的模樣。鑒於人們往往將這條蛇視為撒旦（Satan），而撒旦是上帝造出考驗人類的天使，也有六翼，所以就有人猜想，受上帝差遣的六翼天使僕從們最初的形象應該是燃燒狀的飛蛇。特別是西元前八世紀的猶太信仰中，撒拉弗就被刻畫成帶有人類特徵的飛蛇。

《聖經》的解讀者認為撒拉弗用兩個翅膀遮臉，代表對上帝的敬虔，用兩個翅膀遮腳，意味著承認自己的卑微，兩個翅膀飛翔是指對上帝的順服。高呼三聲「聖哉」，是在強調上帝的聖潔，這種聖潔是獨一無二的。

在猶太教中撒拉弗往往在天使十階中排名第五位階，而在中世紀的羅馬公教，撒拉弗是天使中位階最高的，位於上帝寶座周圍，是神座的守護者。雖然依然以純潔之火，智慧之光，淨化的熱情之類的思維方向來闡釋撒拉弗，然而在藝術形象上往往將之塑造為被六對羽翼團簇的人面，很少情況下會露出身體和肢體，不過能夠看出人形。不論如何，和《聖經》中本身應該有的形象可能已經相差甚遠了。

4-2 基路伯 CHERUB

基路伯又被稱為四聯像（Tetramorph），是祭司以西結（Yehezkel）在迦巴魯（Chebar）河邊被擄時見到的神的異像之一。

在《以西結書》第一章中提到基路伯的模樣，「又從其中顯出四個活物的形象來。他們的形狀是這樣：有人的形象，各有四個臉面，四個翅膀。他們的腿是直的，腳掌好像牛犢之蹄，都燦爛如光明的銅。在四面的翅膀以下有人的手。這四個活物的臉和翅膀是這樣：翅膀彼此相接，行走並不轉身，俱各直往前行。至於臉的形象：前面各有人的臉，右面各有獅子的臉，左面各有牛的臉，後面各有鷹的臉。各展開上邊的兩個翅膀相接，各以下邊的兩個翅膀遮體。至於四活物的形象，就如燒著火炭的形狀，又如

《凱爾經》（*Book of Kells*）上的四活物形象。

火把的形狀。火在四活物中間上去下來，這火有光輝，從火中發出閃電。這活物往來奔走，好像電光一閃。活物的翅膀直張，彼此相對，每活物有兩個翅膀遮體。活物行走的時候，我聽見翅膀的響聲，像大水的聲音，像全能者的聲音，也像軍隊哄嚷的聲音。活物站住的時候，便將翅膀垂下。」

第十章對基路伯的形象又進行補充，第十二節提到：「他們全身，連背帶手和翅膀，並輪周圍，都滿了眼睛。這四個基路伯的輪子都是如此。」可見基路伯有四張面孔，分別是前為人面，右為獅面，左為牛面，後為鷹面，有四個翅膀，翅膀下面還有人手，不論是人手還是翅膀都長滿了眼睛，直腿，腳似牛蹄。他們閃耀著火光，如同閃電一般來往奔跑，聲音如大水。

透過以西結書的描述，配合其中對輪中輪，藍寶石形狀的寶座，基路伯就像是拉著上帝戰車的異獸一般，於是有人認為基路伯是源自近東神話的一種生物Kirabu。Kirabu應該就是亞述神話裡的一對神獸，拉瑪蘇和舍杜。拉瑪蘇兼具有人、獅、牛、鳥的特徵，和基路伯在《以西結書》中的描述非常接近，同時他也是近東文明中常見的裝飾形象，就像上帝要求摩西（Moses）在約櫃（又稱法櫃）上裝飾一對基路伯一樣。

猶太教認為基路伯是伊甸園的守衛，在巴比倫《塔木德》（*Talmud*）裡記載了猶太國王希律一世（Herod I）重建的神廟中繪製有基路伯的形象。在猶太教的宗教典籍《米德拉什》（*Midrash*）記載，基路伯被認為是神在創世的第三天創造的，他們是非物質的存在，沒有明確的形狀，可以顯現為男性、女性、靈體或天使之類的形象。《啟示錄》的四活物又產生變化，其中提到第一個活物像獅子，第二個像牛犢，第三個臉面像人，第四個像飛鷹。這裡的四活物似乎成了四個分開的事物。

受到新約的影響，人們將四活物分別對應四部福音書，這種對應關係並不固定，存在各種說法，全憑藉人們對四種動物印象來進行闡釋。譬如使徒教會後期的神學家愛任紐（Irenaeus）認為《馬太福音》對應人，因為它是以家譜開始敘述的；《馬可福音》對應獅子，因為它突出了基督的身分；《路加福音》對應牛，因為它以祭司的故事開篇，牛為犧牲，與祭司有關，《約翰福音》對應鷹，是因為鷹象徵聖靈。

而埃及亞歷山大城的主教亞他那修（Athanasius）則認為《馬太福音》對應人、《馬可福音》對應牛、《路加福音》對應獅子、《約翰福音》對應鷹。另外聖奧古斯丁（Aurelius Augustinus）也提出自己的說法，他認為《馬太福音》對應獅子、《馬可福音》對應人、《路加福音》對應牛、《約翰福音》對應鷹。

不過眾多說法中，最有名的應該是聖馬可之獅。牠是威尼斯的守護，因為在西元八二八年的時候，威尼斯商人將聖馬可的聖髑（reliquiae）運回威尼斯，並存放在聖馬可大教堂的祭壇下。威尼斯將聖馬可視為城市的主保，受到四活物與四福音對應關係的影響，《馬可福音》對應的獅子也就成了威尼斯的標誌。

本來在中世紀歐洲基路伯被認為是第二位階的天使，但之後基路伯和邱比特的形象產生了關聯，變化成像邱比特那樣長著翅膀的嬰兒或小孩。

根據聖經的說法，蛇是因為在伊甸園誘惑夏娃，而被上帝詛咒，才得到現在的形態。而在牠受到詛咒之前，應該是什麼樣子，這是很常見的神學問題。根據猶太教卡巴拉密教文獻《光輝之書》（*The Zohar*）記載，牠像人類一樣，使用兩條後腿站立，和駱駝一樣高。在牠被詛咒時，上帝切斷牠的胳膊和腿，分開牠的舌頭，剝奪牠說話的能力，以致牠只能發出嘶嘶聲。另一種說法認為伊甸園之蛇是撒拉弗，有翼之火蛇。

在早期歐洲，畫家傾向於將牠畫為一條普通的蛇。到了十二世紀，畫家傾向將牠塑造為更加擬人的形象，賦予了女性的頭部，甚至有上半身和手臂。這種蛇女形象有專門的稱呼，叫作Draconopides，或draconiopides、

十五世紀佛蘭德（Flandre）畫家雨果・凡・德・古斯（Hugo van der Goes）在西元一四六五至一四七三年間所作的《人的墮落與救贖》（*Fall and Redemption of Man*）中的人形古蛇。

draconcopedes、draconipes，源自希臘語，意為龍足。這種形象有時也被用於描繪莉莉斯。到了十五世紀，Draconopides出現更加複雜的形象，在保持牠女性特徵不變的前提下，畫家給牠添加了蝙蝠般的翅膀，使牠看起來更像龍。

利維坦是《聖經》記載的海中巨獸，《約伯記》第四十一章中記載了利維坦。雖然在現代希伯來語中利維坦一詞是指鯨魚，但是在現代的《聖經》中，牠往往被翻譯為鱷魚。

在《約伯記》牠是一種可畏的巨獸，「牠以堅固的鱗甲為可誇，緊緊合閉，封得嚴密……牠打噴嚏，就發出光來；牠眼睛好像早晨的光線。從牠口中發出燒著的火把，與飛迸的火星。從牠鼻孔冒出煙來，如燒開的鍋和點著的蘆葦。牠的氣點著煤炭，有火焰從牠口中發出。牠頸項中存著勁力，在牠面前的都恐嚇蹦跳。牠的肉塊互相聯絡，緊貼其身，不能搖動。牠的心結實如石頭，如下磨石那樣結實。牠一起來，勇士都驚恐，心裡慌亂，便都昏

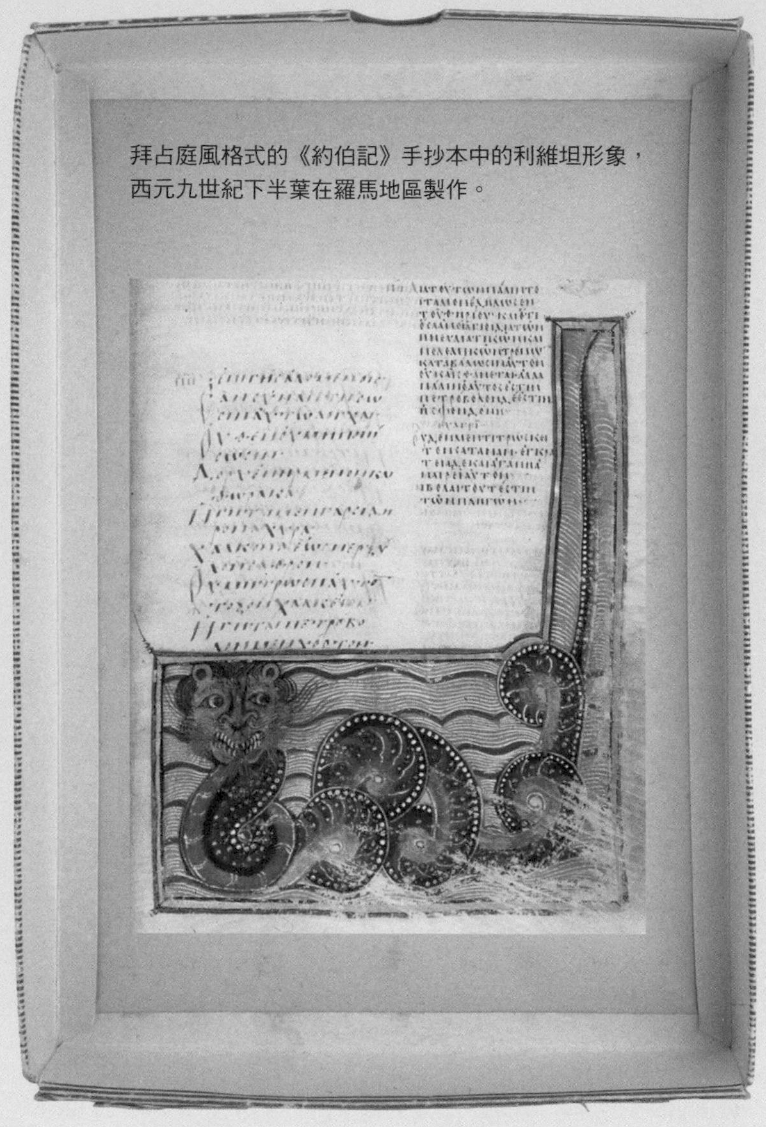

拜占庭風格式的《約伯記》手抄本中的利維坦形象，西元九世紀下半葉在羅馬地區製作。

迷……牠肚腹下如尖瓦片，牠如釘耙經過淤泥。牠使深淵開滾如鍋，使洋海如鍋中的膏油。牠行的路隨後發光，令人想深淵如同白髮。在地上沒有像牠造的那樣，無所懼怕。凡高大的，牠無不藐視；牠在驕傲的水族上作王。」

在《以賽亞書》第二十七章的第一節中這樣記載：「到那日，耶和華必用他剛硬有力的大刀刑罰鱷魚，就是那快行的蛇：刑罰鱷魚，就是那曲行的蛇……」

在《詩篇》第一〇四章的第二十五、二十六節中有這樣的記載：「那裡有海，又大又廣，其中有無數的動物，大小活物都有。那裡有船行走，有你所造的鱷魚游泳在其中。」

同時在《羅馬書》和《阿摩司書》中也有記載。

利維坦的神話傳說與近東神話有著密切的關聯，是神祇戰勝混沌巨獸這個主題的分化。近東有諸多神祇制伏海怪的傳說，軍神尼努爾塔曾經戰勝七頭蛇，烏加里特神話中巴力戰勝了海怪洛坦（Lotan），馬杜克殺死了混沌母神提阿瑪特。有人認為這些多頭洪荒巨怪，往往是人們對海水、洪患的神話。

利維坦神話的直接來源可能是從巴力戰勝了海怪洛坦。洛坦是海神雅姆（Yam）的僕人，牠的名字在烏加里特語中意為盤繞，也有文本將其稱為蠕動之蛇。利維坦的名字在希伯來語中也是盤繞的意思，牠也被稱為曲行的蛇。洛坦在神話中有七個頭，利維坦也被記錄有七個頭，種種跡象顯示，希伯來神話中的利維坦很可能就源自烏加里特神話的洛坦。

將視野擴大到世界，也有諸多神祇、英雄、聖人屠龍的神話。在埃及神話中，有太陽神拉和孿生兄弟混沌之蛇阿佩普之間永恆的鬥爭；在希臘神話中，宙斯擊敗提豐，阿波羅殺死皮同、海克力士殺死海德拉；印度神話中因陀羅（Indra）制伏惡龍弗栗多（Vritra）；北歐神話中索爾（Thor）殺死耶夢加得（Jörmungandr）；中國神話中大禹斬殺蛇妖相柳；日本神話中素戔嗚尊殺死大蛇；基督教神話的聖喬治屠龍等等。

在《聖經》記載的其他幾種巨大海怪，往往和利維坦相互混淆，或視為相同，或被認為是同源分化的產物。其中提到了拉哈伯（Rahab），拉哈伯在現代希伯來語中才是鱷魚，坦寧（than · ni · nim′）也是聖經裡提到的海怪，往往被翻譯為大龍、野狗、大蛇。

在《新約・啟示錄》中，有這樣的文字：「一條大紅龍，七頭十角⋯⋯米迦勒同他的使者與龍爭戰⋯⋯大龍就是那古蛇，名叫魔鬼，又叫撒旦，是迷惑普天下的，牠被摔在地上。」有人認為這七頭十角的大紅龍也源自於利維坦的形象。

被視為偽經的《以諾書》將利維坦描述為女性怪獸，住在海的深處，水的裡面；和牠相對應的是男性怪獸，叫作貝希摩斯（Behemoth），住在伊甸園東面的一個曠野裡，曠野的名字叫登達煙，是人不能看見的。中世紀猶太典籍裡進一步解釋，稱上帝本來創造一男一女兩隻巨獸，但是不希望牠們繁殖造成世界毀滅，就殺死了女獸，將牠的肉保留下來，在彌賽亞（Messiah）降臨時，給義人們作為盛宴享用，牠的皮膚用來做宴會時的帳篷。

之後一些典籍中，稱利維坦饑餓時，口中會散發出巨大的熱量，將所有的水都煮沸，如果牠沒有將自己的頭放到天堂中，那麼地上所有的生物都將無法忍受牠的惡臭。又說牠的棲息地在地中海，約旦河水直流進牠的嘴巴。也有說那條吞下約拿（Jonah）的鯨魚會盡可能躲開利維坦，確保自己不被吞掉，因為利維坦每天都要吃下一條鯨魚。還有說牠的全身可以發出強光，特別是眼睛，但是牠害怕一種叫作kilbit的小蟲，這種蟲可以寄生在牠的魚鰓上殺死牠。

基督教中將利維坦等同於撒旦，之後利維坦就逐漸成了惡魔。天使博士聖多瑪斯·阿奎那（St. Thomas Aquinas）將利維坦稱為嫉妒的惡魔，西元一五八九年德國神學家彼得·賓斯費爾德（Peter Binsfeld）將人的罪行和惡魔對應起來，其中利維坦對應的是七宗罪中的嫉妒。

Behemoth是希伯來語中behemah（牲畜、牛羊）一詞的複數形式，所以也被稱為比蒙巨獸、群獸。牠和利維坦一樣，也是《約伯記》中提到的一種怪獸，其中講到：「牠吃草與牛一樣。牠的氣力在腰間，能力在肚腹的筋上。牠搖動尾巴如香柏樹，牠大腿的筋互相連接。牠的骨頭好像銅管，牠的肢體彷彿鐵棍。牠在神所造的物中為首，創造牠的給牠刀劍。諸山給牠出食物，也是百獸遊玩之處。牠伏在蓮葉之下，臥在蘆葦隱密處和水窪子裡。蓮葉的陰涼遮蔽牠，溪旁的柳樹環繞牠。河水氾濫，牠不發戰，就是約旦河的水漲到牠口邊，也是安然。在牠防備的時候，誰能捉拿牠？」

人們對貝希摩斯的認識往往出現分歧，有人試圖透

英國詩人、畫家威廉・布萊克（William Blake）在西元一八〇五年至一八一〇年間創作《約伯記》插圖中的一幅，其中繪製了利維坦和貝希摩斯的形象。

過《約伯記》的文本記載來推測貝希摩斯可能是哪種真實存在的動物，或者是以哪種真實存在的動物為原型。有人認為是河馬、大象、犀牛或水牛，譬如「牠搖動尾巴如香柏樹」，被人理解為尾巴就像香柏樹，有著分支刷狀的尾鬚，和大象、河馬尾巴的特徵相近。

也有人認為這是指象鼻，也有根據其中的描述認定講的是一種能在水中棲息的草食動物，特別是根據「就是約旦河的水漲到牠口邊，也是安然」這一句，認為牠能夠不懼急流，和河馬類似。描述貝希摩斯的最後一句可以被翻譯為「誰能用鈎去捉拿牠，用魚叉戳穿牠的鼻？」有人考證，當初人們在捕獵河馬時，會先刺穿牠的鼻子，迫使牠用嘴巴呼吸，然後用魚叉刺入牠張開的口中。

不過也有人認為貝希摩斯是一種象徵，作為和海中巨獸利維坦、空中巨鳥棲枝相對應的陸上巨獸，是想像力的產物，出現在《約伯記》，用來表現上帝的神能。次經《以諾書》記載牠藏身在伊甸園以東的登達煙沙漠之中。猶太傳說裡有貝希摩斯與利維坦搏鬥的描述，最終兩者都被上帝用大劍殺死，成為聖潔者的食物。

《哈加達》（*Haggadah*）對貝希摩斯的描述更加神化，牠的力量會在每年四月的猶太夏至日達到頂峰。每年的這個時候，牠發出一聲巨吼，這聲吼叫震懾了所有的生靈，使牠們接下來的一整年收斂起自己的爪牙，而弱小的動物因此得到生存的機會。這裡主要表現貝希摩斯的悲憫與良善，如果沒有貝希摩斯的吼聲，動物就會相互殘殺，甚至危及人類。

到了伊斯蘭教，貝希摩斯和利維坦相互混淆，產生了對調，利維坦變成宇宙公牛，貝希摩斯則變成巨大的水生生物，叫作巴哈姆特（Behmut）。阿拉伯神話的宇宙模型有很多不同的版本，但大概是這樣的，最上面是七重天堂，中間是人間，人間以下是七重地獄。這一切又被一位天使托舉著，天使站在紅寶石山上，紅寶石被宇宙公牛馱著，而巴哈姆特則承載著宇宙公牛漂浮在大海之上。大海之下是深淵，深淵之下是火海，火海之下是巨蛇，巨蛇想要吞噬掉這一切，但被真主所阻止。

中世紀歐洲往往將貝希摩斯和惡魔聯想在一起，或者牠成為撒旦的坐騎，或牠是惡魔中的一員。

《聖經》中記載的迦南地區神祇，對他的獻祭需要犧牲幼童。他名稱中的詞根是希伯來語中的mlk，這個詞意為國王、首領，在近東地區很常見，可以上溯到阿卡德語的melek，往往是對神祇、國王的尊稱。這裡將melek轉寫為Moloch，是為了貶低這尊異教神祇，這個詞在聖經中也有Molech、Milcom和Malcam等變體。

摩洛克在《聖經》的《利未記》、《列王紀》、《耶利米書》、《以賽亞書》和《申命記》中都有被提到過，其中記載摩洛克崇拜最大的特點就是經火。經火是一種迦南人向摩洛克獻祭的儀式，在拉比（Rabbi，猶太人中有學問的學者）的記載，人們用黃銅製成摩洛克的銅像，往往是牛頭人身，銅像的手會向上平攤出來。人們對銅像加

史特拉斯堡（Strasbourg）版畫師艾斯納德（Isnard）在西元一七五三年製作，用於馬丁・路德版的聖經插畫。

熱，然後將幼童放在摩洛克的手心上，儀式過程中祭司會擊鼓，父母聽不到自己孩子的慘叫聲，所以心中不為所動。也有記載，摩洛克的銅像是中空的，分為七個隔間，在第一個隔間放上麵粉，第二個隔間放上斑鳩，第三個隔間放上母羊，第四個隔間放上公羊，第五個隔間放上小牛，第六個隔間放上公牛，在第七個隔間放上一個小孩，然後對摩洛克像加熱，讓這些祭品被燒毀。

在希臘、羅馬的文獻裡也記載腓尼基人火祭兒童的儀式，他們將這個神祇稱為克洛諾斯，可以聯想到克洛諾斯食子的神話。原本的腓尼基神祇可能是巴力，古希臘歷史學家克來塔卡斯（Kleitarchos）曾經向柏拉圖描述這種儀式：在迦太基人中央立著一尊克洛諾斯的銅像，雙手捧著火盆，當火焰接觸到孩子的身體時，孩子在火中四肢緊縮，張開嘴似乎在笑，然後身體被火焰吞沒。

西元前一世紀古希臘歷史學家西西里的狄奧多羅斯也記載類似迦太基的獻祭儀式。在迦太基人的城市裡有一座克洛諾斯的銅像，它伸出雙手，手掌向上，向地面傾斜，這樣每個放在上面的孩子就會滾落下來，墜入一個正在燃燒的大坑中。在獻祭時，小孩的家人被禁止哭泣。在僭主阿加托克利斯（Agathocles of Syracuse）擊敗迦太基人時，迦太基貴族認為這是因為他們在獻祭時用下等人孩子代替貴族的孩子，由此招致神祇的懲罰。於是他們試圖彌補，本來打算向神祇獻祭兩百個貴族的孩子，但是最終的犧牲人數達到三百人。

古羅馬時期的希臘作家普魯塔克（Plutarch）也記載過迦太基人的這種儀式。迦太基人充分認同這種儀式，他們會提供自己的孩子，沒有孩子的人會從窮人那裡買來孩子，就像殺死羊羔和雛鳥一樣割開他們的喉嚨。整個過程中，孩子的母親不能留下一滴眼淚，如果她流露出悲傷的表情，那麼交易會取消，自己得不到錢，孩子卻被獻祭。同時，獻祭的神像前滿是鼓聲和長笛聲，人們一般聽不到孩子的悲鳴。

現代研究對經火儀式有著不同的看法，有人認為經火實際上只是一種淨化儀式，將新降生的嬰兒在火焰中帶過，以驅除邪祟，而不是幼童獻祭。不過法國在西元一九二三年以來，在迦南地區的考古發現，確實存在大量被獻祭的兒童屍骨，這些屍骨和動物殘骸混裝在一起。

摩洛克這尊神祇一樣存在爭議，有人認為他的詞源其實是希伯來語中的先知；有人認為他其實是太陽神；也有人認為應該被歸類為火神；還有人認為耶和華是從摩洛克崇拜中分化出來的信仰，是對摩洛克崇拜的改良，剔除了殘忍的幼童獻祭；更有人認為摩洛克一詞不是指神祇的名稱，而是指火祭這一行為。隨著烏加里特（Ugarit）故城遺蹟研究的深入，也有人認為確實存在摩洛克這一神祇，眾說紛紜，至今沒有定論。

出自《但以理書》的次經，所謂次經是指不包括在希伯來文聖經中，但包括在七十士希臘文譯本和拉丁文譯本之內的書卷。一般來說它們被羅馬公教和東正教接受，但是不被猶太教和新教接受，所以在現代新教聖經中沒有收錄。

傳說但以理是波斯古列王最親密的朋友，這裡的古列王一般認為就是居魯士大帝（Cyrus the Great）。記載說古列王征服巴比倫之後，崇拜巴比倫人的偶像彼勒（Bel），每天給偶像做禮拜，巴比倫人每天要向偶像獻上二十四袋麵粉、四十六隻綿羊和六桶葡萄酒作為祭祀品。但以理認為偶像是貼著青銅的黏土，從來沒有吃喝過任何東西。古列王就將彼勒的七十個祭司都叫來，要祭司證明祭品是彼勒吃掉的，不然就殺掉他們。一旦他們證實，他就殺掉但以

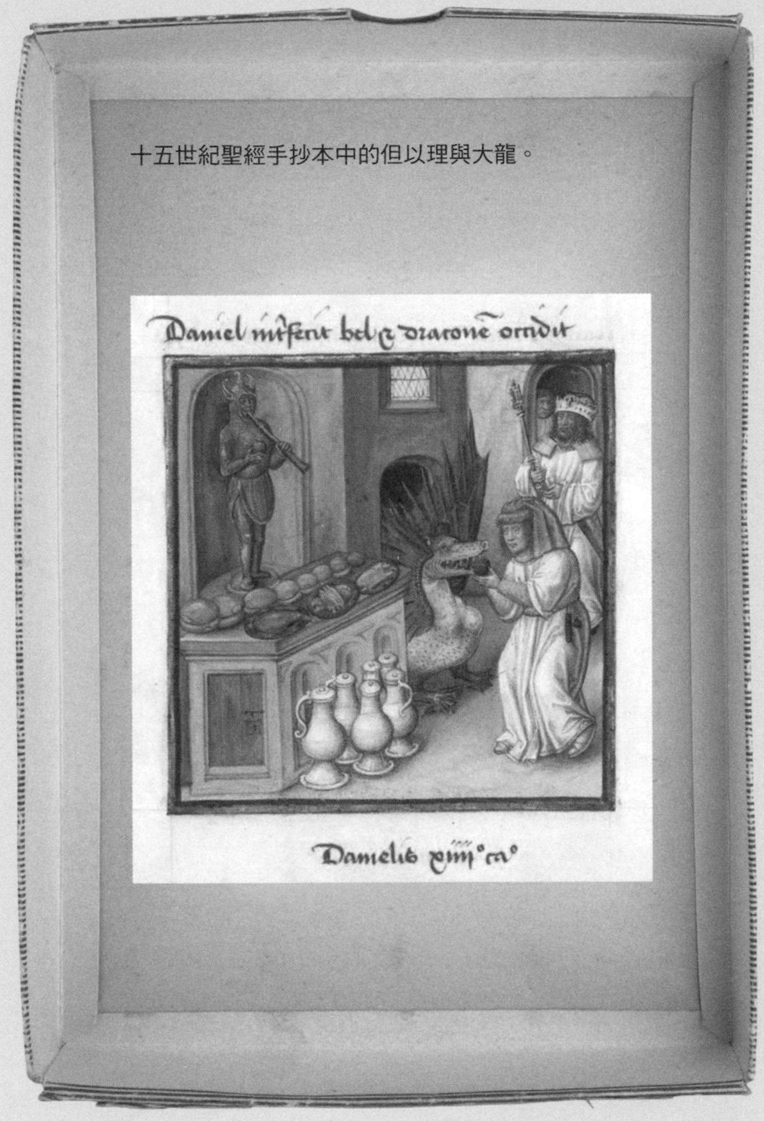

十五世紀聖經手抄本中的但以理與大龍。

理。祭司讓自己的家眷從密道進入吃光祭品，但是但以理在地面灑了灰，留下腳印，所以古列王便處死祭司，但以理則摧毀了彼勒的偶像和神廟。所謂彼勒是源自阿卡德語中的bēlu一詞，是對神祇的一種尊稱，意思是主，在亞述和新巴比倫時期，這個頭銜往往特別用於對馬杜克的尊稱。

又有一說巴比倫崇拜一條大龍，但是但以理用柏油、肥肉和毛髮統統放入一鍋粥煮了，他將這些混合物炮製成糕餅，餵給大龍吃，大龍吃下這些東西後，肚子便膨脹起來撐破了。但以理給龍餵食的情節，在亞歷山大傳奇中也有類似橋段：亞歷山大給龍投餵毒藥和焦油，將龍殺死。有人認為這種神話類型源自馬杜克和提阿瑪特之戰，馬杜克控制風暴將提阿瑪特撕裂。這個神話在後世演變出許多不同的版本，譬如耶和華和利維坦之戰，天使米迦勒和大紅龍之戰，聖喬治屠龍等等。

這些舉動引發了巴比倫人的憤怒，要求國王將但以理交給他們。但以理被扔進獅坑，獅坑中有六隻獅子，這些獅子每天都要吃掉兩個人和兩隻羊，人們為了讓但以理被吃掉，什麼都沒有餵給獅子，但是獅子沒有傷害但以理。但以理在獅坑中待了六天，天使將先知哈巴谷（Habakkuk）帶到獅坑給但以理送吃的。六天過去，古列王來獅坑邊查看，發現但以理沒有死，於是讚美起上帝來，將但以理拉出獅坑，又吩咐人把那些企圖害但以理的人扔進獅坑。

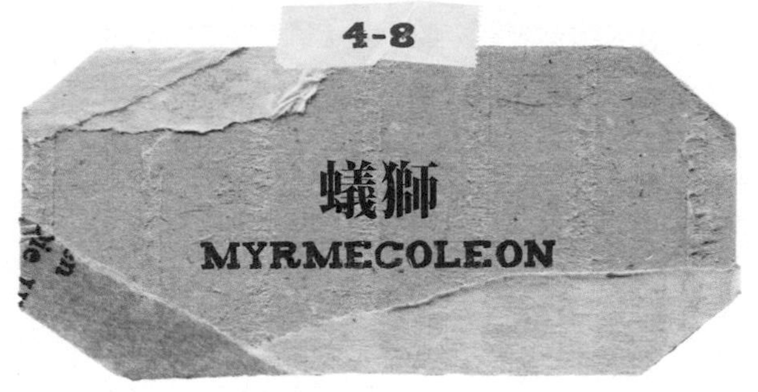

蟻獅是源自《聖經》的一個翻譯錯誤。傳說埃及托勒密王朝的國王托勒密二世（Ptolemy II Philadelphus）喜愛閱讀書籍，在他執政時期，委派人將希伯來語的《聖經》翻譯成希臘文。最初只翻譯摩西五經，之後由人不斷翻譯，形成了三十九卷的正典和十五卷次經、偽經。因為傳說是由七十二位猶太長老翻譯而成，所以這些譯本被稱為《七十士譯本》（*Septuagint*），也有人認為這個版本是猶太人自主翻譯成希臘文，由於種種原因，翻譯中出現很多和希伯來原文不吻合的地方，蟻獅便是其中一例。

在《約伯記》中有一處提到了獅子，原文使用比較生僻的詞lajisch，在其他譯本中這個詞往往被翻譯成獅子或者老虎，但在《七十士譯本》裡使用了Myrmecoleon這個詞。

《紐倫堡編年史》（*Nuremberg Chronicle*）中的蟻獅版畫。

在教宗額我略一世（Sanctus Gregorius PP. I）對《約伯記》的寓意註解的道德論叢中，也提到《七十士譯本》翻譯的情況。他並沒有將這一處翻譯視為錯誤，反而就蟻獅進行詮釋，說蟻獅是一種很小的動物，躲在沙土中捕獵搬運食物的螞蟻。他認為將這種動物稱為蟻獅是正確的說法，因為對其他大型動物來說，牠就是和螞蟻差不多大小的動物，牠們可以輕易吃掉螞蟻，但對螞蟻而言，牠就像獅子一樣危險。

十三世紀時，詩人紀堯姆·勒克萊爾（Guillaume Le Clerc）的《神聖動物寓言》也記載了蟻獅。他將蟻獅歸類為另一種螞蟻，又說這種螞蟻是獅子，是獅子中最小的，但也是最大膽、最機智的。牠非常憎恨其他螞蟻，將自己隱藏在塵土裡，當有螞蟻經過時，牠敏捷地跳出，將螞蟻捕獲。

也有一種來源不可考證的說法稱，牠是獅子和螞蟻交配所生，有著獅子的頭和螞蟻的身體，身體的兩部分依然保留各自的生理習性。獅子的頭只能吃肉，螞蟻的身體只能消化穀物，最終只有饑餓而死。

地獄之口 HELLMOUTH

地獄之口常常出現在中世紀的宗教藝術中，並且一直延續到現代。牠常常被表現為一頭巨型怪獸，張開牠的血盆大口，這張口中就是地獄或者煉獄，牠永遠都不會闔上嘴，等待著新的靈魂進入充滿了苦難與死亡的地獄之中。部分地獄之口的圖像為了表現這一點，還會在地獄之嘴裡畫上在地獄烈焰中飽受折磨而扭曲的掙扎靈魂。

有人認為地獄之口的概念源自盎格魯—撒克遜（Anglo-Saxon）人，或從現存的器物看，地獄之嘴的形象最早出現於盎格魯—撒克遜人的器物上。而這張嘴可能源自巨狼芬里爾（Fenrir），巨狼芬里爾在諸神黃昏中咬死了奧丁（Odin），然後被奧丁之子維達（Vidar）踩住下巴，一張巨口被撕成了兩半。基督教在傳播過程中吸納了

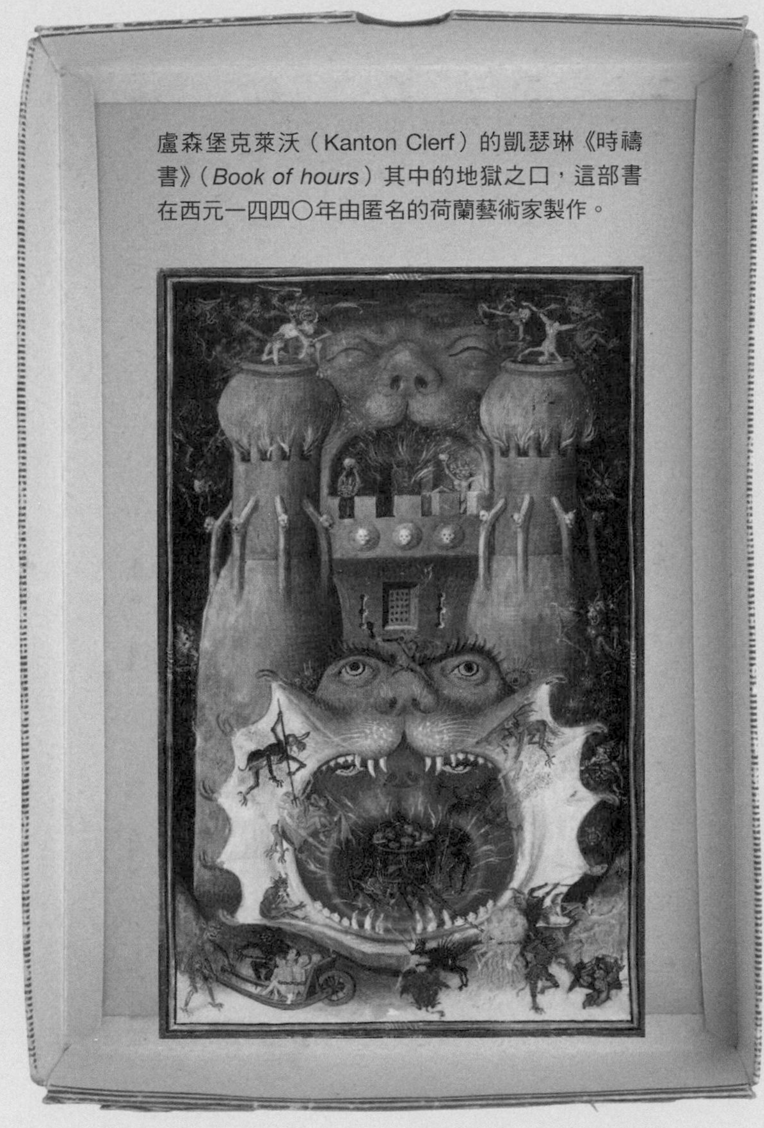

盧森堡克萊沃（Kanton Clerf）的凱瑟琳《時禱書》（*Book of hours*）其中的地獄之口，這部書在西元一四四〇年由匿名的荷蘭藝術家製作。

這些神話，在英國戈斯福斯十字架（Gosforth Cross）上，就出現這則神話的浮雕，被稱為the crack of doom，戲劇家威廉·莎士比亞（William Shakespeare）在《麥克白》（*Macbeth*）也用到這個詞，被翻譯為世界末日的雷聲。

在《維切利佈道書》提到撒旦是一條巨龍，牠會把被罰入地獄受罪的靈魂吞噬，罪人們無法從牠的喉嚨裡爬出。也有人認為撒旦在傳說中是會吞噬罪人的靈魂，但這並不能夠將地獄之口和撒旦畫上等號。先知約拿為了逃避上帝派遣的使命，而落於魚腹，羅馬公教認為他在魚腹中經歷了如在地獄深淵的痛苦，他在陰間的深處發出呼喊，所以往往將地獄之口視為大魚的嘴，進而和與上帝爭鬥的海怪利維坦聯繫起來，將地獄之口視為利維坦之嘴。

英國古代也有將地獄之口比作鯨魚之口的說法，魚被鯨魚口中的甜美氣味所吸引，然後進入到鯨魚的口中，這時鯨魚突然閉上嘴，魚就只能葬身鯨腹，這種觀念在介紹巨鯤（Aspidochelone）時也提到過。

以地獄之口為主題的舞台或遊樂裝置，從中世紀、文藝復興，一直延續到現代。早期牠以機械裝置的形式出現在舞台上，地獄之口背後往往是一座城堡；現代當然出現在各種主題樂園中，作為鬼怪主題屋的入口，從宗教勸導的意味變成單純的恐怖遊樂裝飾。

Abaddon一詞為希伯來語，意為毀滅、毀滅者。這個詞在舊約出現時，被當做毀滅的名詞或形容詞，並沒有成為某個怪物或惡魔的具體名號。

亞巴頓作為怪物是在《啟示錄》第九章第十一節中提到：「牠們有無底坑的使者作王管轄牠們；牠的名字按希伯來話叫亞巴頓（Abaddon），按希臘話叫亞波倫（Apollyon）。」其中亞巴頓和亞波倫直譯都是毀滅者，文中的牠們是指第五位天使吹響號角之後，無底坑被打開，從中飛出了蝗蟲，這些蝗蟲「好像預備出戰的馬一樣，頭上戴的好像金冠冕，臉像男人的臉，頭髮像女人的頭髮，牙齒像獅子的牙齒。胸前有甲，好像鐵甲。牠們翅膀的聲音，好像許多車馬奔跑上陣的聲音。有尾巴像蠍子，尾巴

西班牙列瓦納（Liébana）的修士貝亞圖斯（Saint Beatus of Liébana）所著的伊比利亞傳統啟示錄評注手稿。這個版本的成書年代大約是西元一〇七二年之前，圖中亞巴頓的額頭上出現了撒旦的字樣。

上的毒鉤能傷人五個月」。雖然文本提到亞巴頓率領蝗蟲的形象，但是並沒有提到亞巴頓的具體形象，在中世紀往往根據蝗蟲之王的描述，將牠的形象描繪為具有蝗蟲的特徵。

亞巴頓作為具體人物出現，在《啟示錄》一處有載，神學家、聖經研究家們對他的身分有多種考證看法。有人根據他在希臘語中的名稱Apollyon，望文生義地認為他與阿波羅崇拜有關，是對阿波羅的蔑稱；也有認為他是反基督者，他是惡魔撒旦；還有認為他就是第五號角之後降下的大星，他持有打開無底坑的鑰匙，執行上帝號令，是前來毀滅世界的天使；更有認為他是耶穌復活之後的另一個名字。

《啟示錄》本來是一部預言書，所以人們往往會按圖索驥，尋找能夠驗證預言的事件。有人認為亞巴頓預言了在西元七〇年，摧毀耶路撒冷的羅馬第十五軍團；也有人認為亞巴頓和他的蝗蟲軍團預言了伊斯蘭教的擴張，將他們會傷人五個月的特徵提煉出來，稱這一日暗示一年，五個月就是一百五十年，正好對應西元六一二年至七六二年的穆罕默德（Muhammad）統治時期，或者薩拉森人在西元八三〇年至九八〇年與十字軍對抗的時期。

易卜劣斯，Iblis，原意為邪惡者，伊斯蘭教中的Al·Shaitan（指惡魔），由無煙之焰所創造，因不想跪拜由黑泥捏製而成的人類，拒絕向人祖阿丹下跪，在末日審判前接受了被逐至地獄的判決。為了復仇，發誓會將所有人類引離正道，被視為鎮尼（genie，伊斯蘭教對超自然的統稱），不是天使。

穆罕默德·伊本·賈里爾·塔巴里（Abū Ja'far Muḥammad ibn Jarīr al-Ṭabarī）所著的《先知和國王的歷史》（*Tarikh al-Rusul wa al-Muluk*），十五世紀早期的手抄版本中的圖像，描繪了易卜劣斯拒絕向人祖阿丹下跪的場景。

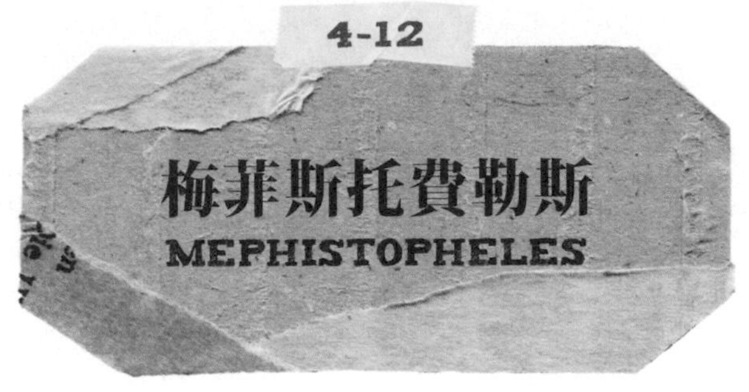

梅菲斯托費勒斯的名字不一，也叫作Mephistophilus、Mephostopheles、Mephistophilis、Mephisto、Mephastophilis等等。他的名字詞源也有多種說法，一說是源於希伯來文，前半部分源自mêpîṣ一詞，意為散布者；後半部分源自tōpel šeqer，意為摧毀者。一說是希臘語的μή（不）+ φώς（光）+ φίλος（愛好者）構成，意為不愛光者，這可能是對路西法一詞的模仿。

也有說是拉丁語的mephitis+希臘語的philos，意為喜惡臭者。還有認為Mephostopheles一詞中photo是Faust的變體，所以可以解讀為不喜浮士德者等。人們對梅菲斯托費勒斯一詞的含義有多種解讀，不過公認的是，這個詞是文藝復興時期慣用擬希臘語、擬希伯來的構詞法，透過這

法國畫家歐仁・德拉克洛瓦（Eugène Delacroix）在西元一八二八年繪製的天空中的梅菲斯托費勒斯。

種故弄玄虛的手法，以顯示神祕。

他是德國傳說中的魔鬼，與浮士德傳說關聯密切，最早出現於西元一五二七年出版的魔法書《*Praxis Magia Faustiana*》中，在哥德時期的文獻中記載的梅菲斯托費勒斯是灰衣修士的形象。十七世紀開始，梅菲斯托費勒斯逐漸從浮士德傳說中獨立出來，不斷被豐富，成為獨具魅力的角色。

Abraxas也被寫作Abrasax，有人認為Abrasax才是這個詞最初的形態，後來因為希臘語字母中的Ξ與Σ混淆，形成了Abraxas這樣的變體，並且取代本來的Abrasax，成為主流的認知。阿布拉克薩斯是靈知主義的一個重要概念，可以被稱為偉大的統治者，這個詞語以及相應的形象，常常出現在靈知主義的文本、咒語、魔法寶石上。

Abrasax是英語對希臘語的轉錄，在希臘語中被寫作ΑΒΡΑΣΑΞ。歐里庇德斯在《希波呂托斯》（*Hippolytus*）中提出，靈知主義中的巴希理德派認為，ΑΒΡΑΣΑΞ一詞包含三百六十五這個數字，其中Α＝一，Β＝二，Ρ＝一百，Α＝一，Σ＝兩百，Α＝一，Ξ＝六十，這些數字加在一起，剛好等於三百六十五，對應的是一

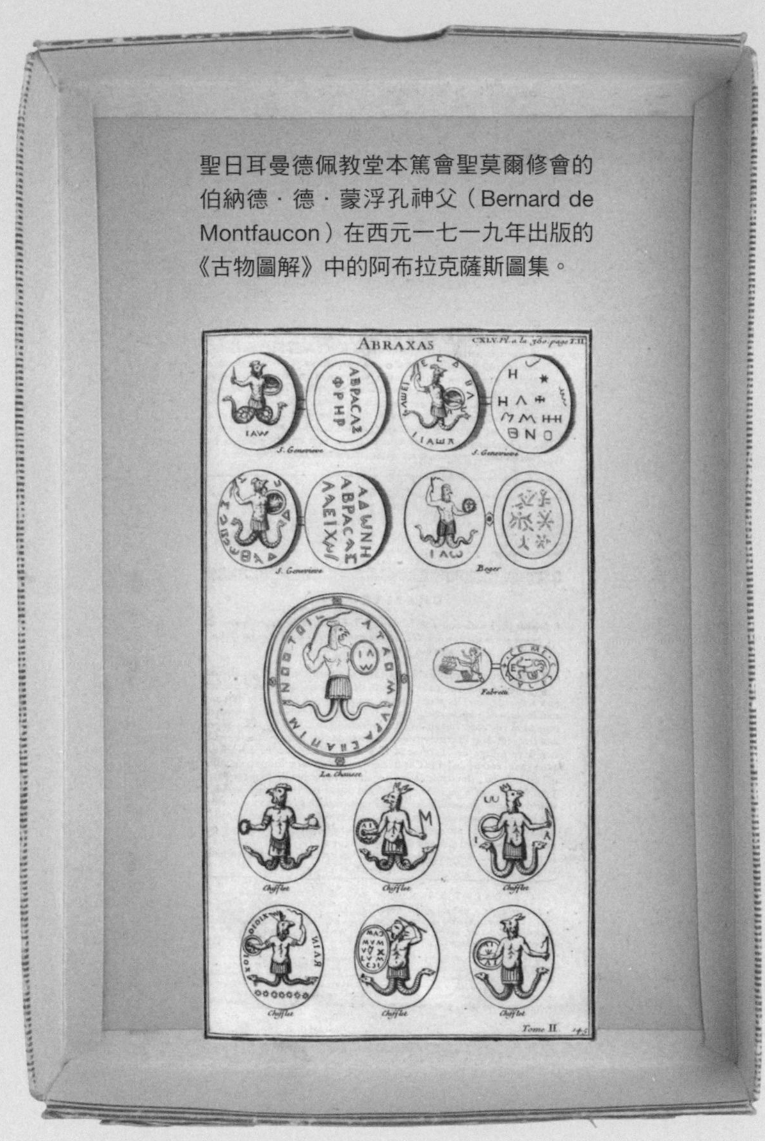

聖日耳曼德佩教堂本篤會聖莫爾修會的伯納德·德·蒙浮孔神父（Bernard de Montfaucon）在西元一七一九年出版的《古物圖解》中的阿布拉克薩斯圖集。

年三百六十五天，意指Abrasax是三百六十五個天堂和三百六十五種美德的統治者。巴希理德派還將阿布拉克薩斯稱為最偉大的上帝、最高之主、全能之主、造物主之主。

從魔法寶石上可以看到阿布拉克薩斯的形象，牠通常有公雞的頭，一般認為這源自希臘日神福波斯（Phoebus）；或者是獅子的頭部，一般認為這可能源自埃及日神拉，或密特拉（Mitra）；或者是驢頭，身體為人，穿著盔甲，雙腿為長著雞冠的蛇。這種蛇往往被稱為阿伽忒俄斯（Agathodaemon），右手拿著棍棒或連枷（一種農用收割工具，用於分離穀物的外殼），左手拿著圓形或橢圓形的盾，有些時候身邊會有一隻蠍子，這種形象也被稱為Anguipede。

阿布拉克薩斯在地中海區域流傳廣泛，也融入不同的文化和宗教之中。在埃及有時被作為一個人物形象，與日神一起駕馭太陽車；或被表現為站在獅子上，獅子被鱷魚馱著；也被視為一個和伊西斯、奈斯、阿頓（Aten）、阿努比斯等神祇有關的名字。在希臘常與阿芙蘿黛蒂、宙斯、黑卡蒂有關。還有人認為阿布拉克薩斯的形象對應猶太卡巴拉秘儀中的原人亞當，在猶太教中，牠也常以字元的形式出現，發現的有ΙΑΩ ΑΒΡΑΣΑΞ ΑΔΩΝ ΑΤΑ（Iao Abrasax，你是主）之類的銘文。還有人認為著名的咒語Abracadabra也源自Abrasax這個名稱。

羅馬公教教會對靈知主義歷來持反對態度，而阿布拉克薩斯也從受到推崇的神祇，變成羅馬公教描述的惡魔。十九世紀的《地獄辭典》（*Dictionnaire Infernal*）中，被描繪為頭戴王冠的禿頭哥布林，一手持鞭子，一手拿著類似魔法寶石吊墜，雙腿上各纏著一條蛇。

法涅斯名字的意思是「帶來光明」或「閃耀」，也被稱為普羅多格諾斯（Protogonos），意為第一個誕生的。常被描述為雌雄同體，被蛇環繞，有金色翅膀的神祇，一手持權杖，一手持雷霆。蛇頭在他的頭上，這條蛇最初環繞於宇宙之卵、是時間之神柯羅諾斯（Chronos）的形象，身上的人頭、牛頭及獅子頭也源自柯羅諾斯的形象。他是俄耳甫斯教（Orphism）創世神話中的光之神，正是他的出現，帶來一切的「有」，使一切顯現。

時間之神柯羅諾斯或被叫作永恆（Aion）創造了宇宙之卵，由柯羅諾斯的配偶阿南刻（Ananke）孵化，也有說是夜之女神倪克斯（Nyx）孵化，法涅斯就從卵中誕生。倪克斯創造了夜晚，法涅斯創造了白晝。阿里斯托

義大利摩德納博物館宮殿收藏的羅馬時期法涅斯浮雕像。

芬將法涅斯稱為厄洛斯，認為他是從倪克斯創造的卵中誕生，被放在無盡的厄瑞玻斯（Erebus）「黑暗」中，之後他與卡俄斯（Chaos）交合，誕下鳥類。羅馬密特拉教（Mithraism）在爭取羅馬上層支持、對抗基督教時，將法涅斯的神性和事蹟融入密特拉身上，由此誕生了石生密特拉的神話。

艾翁是希臘神話中與時間有關的神祇，相對於柯羅諾斯將時間分為過去、現在和未來，艾翁的時間是無限的、永恆的，與希伯利（Cybele）、戴歐尼修斯、奧菲斯（Orpheus）、密特拉的秘儀有關。他的形象往往是一個站在莫比烏斯環中或附近的青年、少年，莫比烏斯環代表黃道帶或者時間的永恆循環，在和他有關的神話裡，時間是一個循環，所以他也會被想像成一位老者。

西元五世紀的時候，古羅馬散文家烏爾提亞努斯．卡佩拉（Martianus Capella）以柯羅諾斯定義艾翁，而柯羅諾斯常與克洛諾斯相混，於是艾翁與克洛諾斯產生了聯繫、融合，被視為瑞亞的配偶。除了歐里庇德斯提出過艾翁是宙斯之子以外，沒有人提到過這種說法。到了基督教

梵蒂岡博物館（Musei Vaticani）中收藏的獅首艾翁像。

和新柏拉圖主義的時代，有人將艾翁和戴歐尼修斯視為相同。《蘇達辭書》中的艾翁和歐西里斯則有相關聯；在托勒密王朝時期的亞歷山卓，塞拉皮斯也被等同於艾翁–普魯托尼烏斯（Aion Plutonius），普魯托尼烏斯這個名稱由普魯托（Pluto）演變而來，與厄琉息斯秘儀（Eleusinian Mysteries）有關，該教派崇拜普西芬妮（Persephone），並認為她是冥世的統治者。有記載說亞歷山卓的艾翁在一月六日這天由處女神kore誕生而出，kore意為少女、處女，指的是冥后普西芬妮。人們將這天視為新年，舉行慶祝儀式，祭祀艾翁體現的時間循環。有人認為這裡的艾翁可能是歐西里斯和戴歐尼修斯的變體，也有人認為在這裡艾翁與俄耳甫斯教、法涅斯進行了整合，融入了亞歷山卓的密特拉教中，以保證城市的永恆。

羅馬統治者將艾翁視為羅馬永久統治的象徵和守護者，並將他鑄造在硬幣上，還誕生了他的女性對照神祇：永恆女神Aeternitas，將他們與鳳凰聯繫在一起，作為重生、循環更新的象徵。

現代學者在對密特拉教宇宙學的重建中，將艾翁定義為無限的時間。他由混沌之中誕生，被形容成一頭獅子頭的男性人物。他的裸體軀幹被蛇纏繞，通常手持權杖、鑰匙或雷電。這種形象在現代被稱為獅首（leontocephaline），據推測在密特拉教中有著很重要的意義。

CHAPTER
5
東方各民族傳說

歐洲人異聞中的無頭人，中國人看到他們的圖像之後，常常會將其聯想到刑天。他們也被稱為Sternophthalmoi，意為胸部上的眼睛，還被人叫做Akephalos，意為無頭。

根據希羅多德的《歷史》（*The Histories*）記載，他們居住在利比亞西部，眼睛都長在自己的胸上。老普林尼的《自然史》轉述了歷史學家克特西亞斯（Ctesias）的記載，在紅海海岸、穴居人Troglodytae聚落以西的地方，居住著一群沒有脖子，眼睛長在肩膀上的人。

到了中世紀，無頭人傳說得以流傳。像是有這樣的傳說，在伊比利亞國王法拉斯馬尼斯（Pharasmanes）寫給羅馬皇帝哈德良（Hadrian）的信中就有記載，這封信被翻

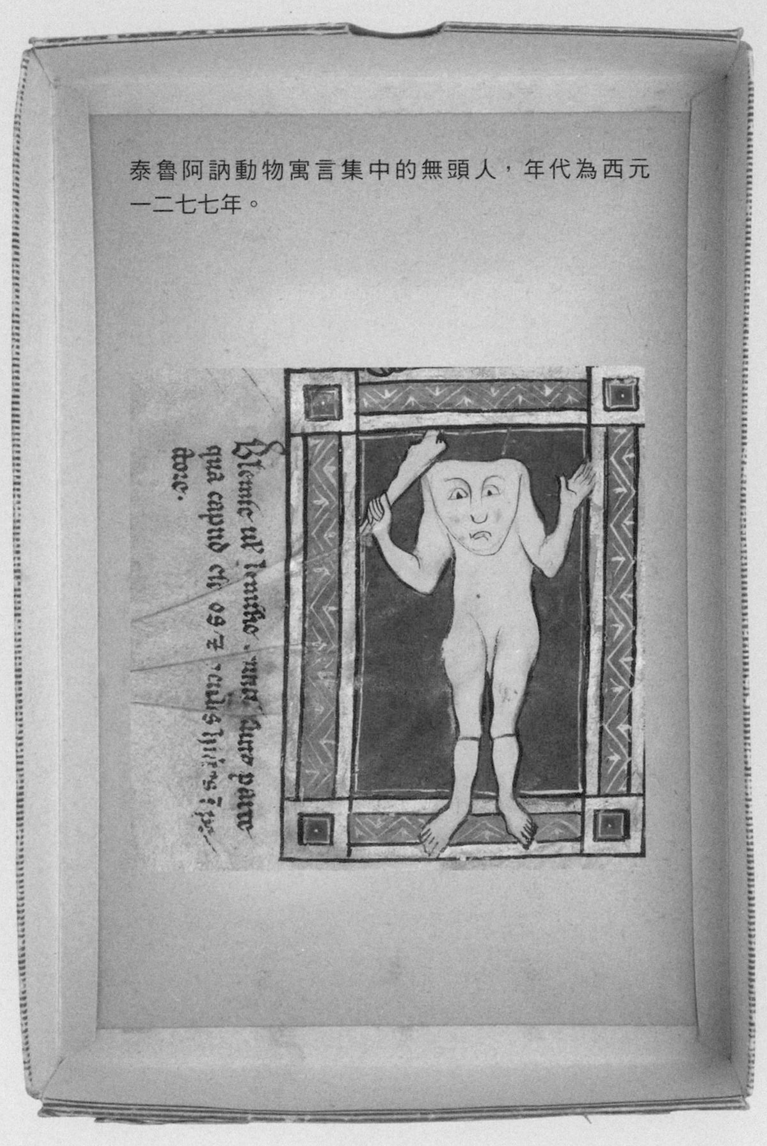
泰魯阿訥動物寓言集中的無頭人，年代為西元
一二七七年。

譯為拉丁文，上面記載了在衣索比亞布里松河的小島上，居住著無頭人，他們皮膚是金色的，有十二英呎高，七英呎寬。而在亞歷山大傳奇中，記載了亞歷山大在征途中遇到無頭人的故事，這些無頭人是金色、身高只有六英呎，並且有鬍鬚垂到膝蓋上。在另一些版本的亞歷山大傳奇，記載亞歷山大抓住了三十個無頭人。

到中世紀後期，無頭人的傳說隨著歐洲人對世界的瞭解而被放置到亞洲。在《曼德維爾爵士遊記》（*Travels of Sir Mandeville*）裡，無頭人居住地變成印度和緬甸之間的安達曼群島（Andaman Islands），無頭人被稱為醜陋的土著，沒有頭，眼睛長在肩上，嘴巴長在胸口中間，就像一個馬蹄鐵，是惡名昭著、無恥的、受詛咒的人。

隨著地理大發現時代的來臨，歐洲人對無頭人的想像轉移到美洲。十六世紀英國探險家沃爾特・羅利爵士（Sir Walter Raleigh）在對圭亞那的探險報告中提到了無頭人，他稱這些人為Ewaipanoma，雖然他本人沒有見過，但是他相信無頭人的存在。傳說中，這些人的眼睛在肩膀上，嘴巴長在胸口，後肩上長有長髮。

歷史上確實存在著無頭人的原型，他們是由貝扎人構成主體的遊牧部落王國，主要活動在古代努比亞一帶。在斯特拉波的記載中，他們主要分布在麥羅埃（Meroe）以東附近的沙漠，是愛好和平的族群。但是他們在歷史上多次攻入埃及地區，和羅馬發生戰事。他們信仰努比亞神話中的太陽神曼杜利斯（Mandulis）、戰爭之神安赫爾以及伊西斯。被傳說成無頭人大概是希羅多德等史家和博物學家的功勞。

Panotii源自希臘語，大約的意思是「全神貫注地聽」，根據老普林尼《自然史》記載，他們居住在斯基泰（Scythia）的Amalchian海的島上，Amalchian在當地語言中意為凍結，它又被辛布里人（Cimbri）稱為Morimarusa，意為死海。老普林尼的《自然史》沒有記載這個島的名稱，但後來被稱為全神貫注聆聽之島。

Panotii族人有一對大到能覆蓋整個身體的耳朵，夜裡可以睡在耳朵的皺褶裡，把耳朵當成毯子和被子禦寒，白天可以把耳朵當成衣物遮羞。這個種族天性害羞，見到人就會用耳朵飛著逃走。

Pandae是另一種大耳族，但他們耳朵長度只能達到手肘，不過他們有八隻手指和腳趾，下顎上長有漂亮的牙

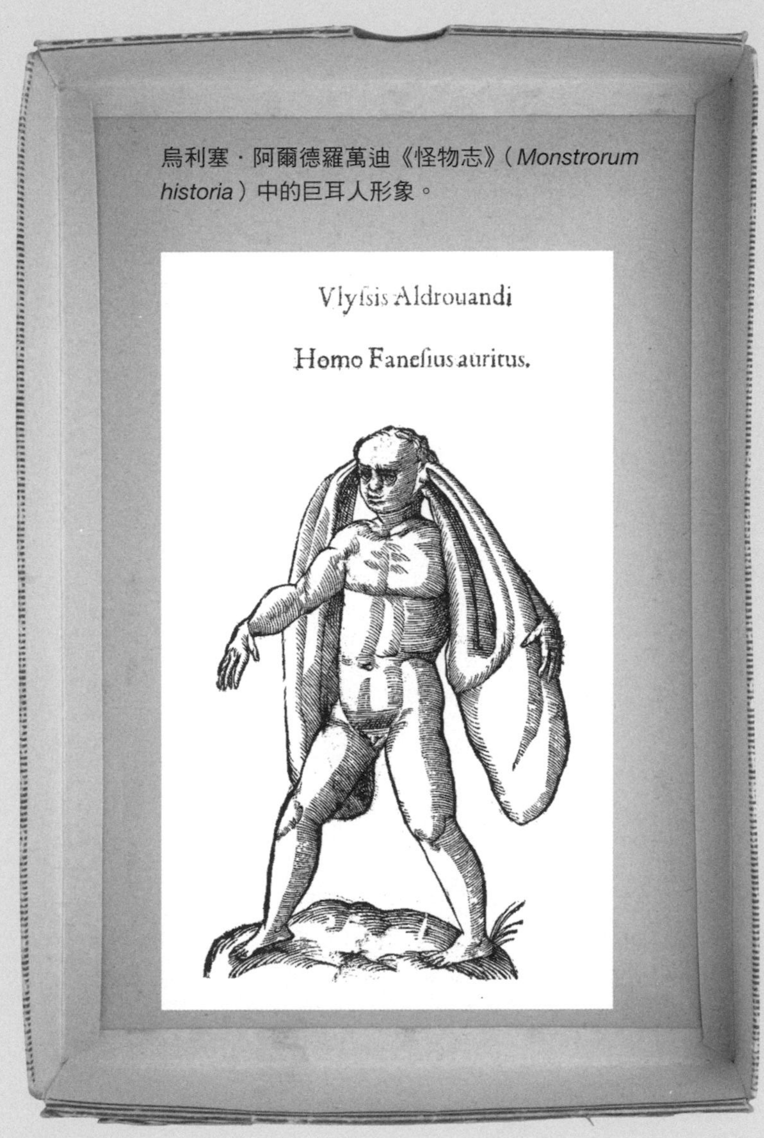

烏利塞・阿爾德羅萬迪《怪物志》（*Monstrorum historia*）中的巨耳人形象。

齒。他們生活在印度山谷的蘆葦叢中，大概有三萬人。他們能夠活到兩百歲，在出生時頭髮和眉毛都是白色的，男性到了三十歲之後毛髮開始長滿全身，並且開始變黑。到六十歲之後，所有的毛髮都會變為黑色。他們非常好戰，曾經組建起弓箭手和長矛兵一共五千人，參加印度國王進行軍事遠征。

Sciopods，意指用獨腳給自己遮陰的人，還有其他的名稱，叫作Monopods或Monocoli，意為單足人。他出現在希臘喜劇作家阿里斯托芬的劇作《鳥》（*The Birds*），在老普林尼的《自然史》也有記載。單足人第一次被人提到是在希臘史學家克特西亞斯的著作《印度史》（*Indica*）中，稱他們只有一條腿，但跳躍能力和敏捷性非常驚人。在天氣很熱的時候，他們會躺在地上，用自己的大腳來遮陰，所以有些人將他們形象地翻譯成「傘足人」。鑒於歐洲對異域的想像不超出印度、衣索比亞之類的範圍，所以單足人的聚居地一直在這些地方打轉，例如希臘哲學家提亞納的阿波羅尼烏斯（Apollonius of Tyana）認為這些單足人生活在衣索比亞或印度。在聖依西多祿的《詞源》（*Etymologiae*）中，他們生活在衣索比亞一帶，雖然只有一隻腳，但是行動卻是超乎想像的迅速。

義大利畫家喬瓦尼・巴蒂斯塔・卡瓦列里（Giovanni Battista de Cavalieri）在一五八五年出版的《來自古代和現代世界各地的怪物》中的傘足人。

Cynocephali一詞是由拉丁語承襲自希臘語kynokephaloi，其中kyno意為狗，kephaloi意為頭。西元前四世紀，希臘史學家克特西亞斯的著作《印度史》就記載了他們的存在，古希臘歷史學家和外交家麥加斯蒂尼（Megasthenes）在他的著述《印度記》（*Indika*）也提到他們。據說狗頭人居住在印度的山中，透過吠聲相互交流，靠打獵為生，身披狩獵所得的毛皮。但希羅多德記載他們居住在利比亞的東部。

東正教中的聖克里斯多福（Saint Christopher）形象也被畫成狗頭人，克里斯多福（Christopher）這個名字在希臘語有「背負基督」的意思，事蹟出自東正教的聖傳。傳說他是迦南人，生得健壯有力，四處尋找偉大的君王效

烏利塞·阿爾德羅萬迪《怪物志》中的狗頭人形象。

22 Vlyſsis Aldrouandi

Lib. 31. cap. 11.

Glacies instar tutelarium armorum.

Prædictis addi poſſunt Cynomulgi, ſiuè Cynocephali pariter hirſuti, quorum capita,& ora belluas magis, quam homines eſſe demonſtrant. Hi ſecundum Licoſthenem, corpus humanum habent eleganter formatum,excepto capite rictum caninum æmulante, nec non Æthiopiam Aquilonarem colunt. Inſuper apud Vincentium A in ſpeculo hiſtorico, hæc natio regiones Tartarorum abſq; metu peruagatur: nam, hyeme aſperrima,in aquis ſe mergit,deinde illicò in puluere volutatur,donec puluis admixtus aquæ congeletur, idq; pluries repetitur, donec craſſities glaciei, armorum, & ſagittarum ictibus reluctari poſſit. Quo facto aduerſus Tartaros hæc natio magno impetu fertur, nam tunc ſagittæ ab Aduerſarijs in eos vibratæ retrò redeunt, pariterq; alijs armis nullo modo lædi poſſunt. Quocirca Cynocephali illeſi inſul-

Cynocephali effigies.

tum

力、侍奉。他來到一個王國，為國王效力，發現國王聽到魔鬼之名，就會在胸口畫十字；於是他離開國王，找到魔鬼，為魔鬼效力，但他發現魔鬼畏懼十字架；於是他離開魔鬼，去尋找基督，途中遇到一名隱修士，向他傳福音，但他不習慣宗教儀式，就在河邊修了一座小屋，透過背人過河來服侍基督。

一日，基督變成一個小孩出現在他的面前，在背基督過河的途中，基督越來越重。這時基督告訴他自己的真實身分，要他將手杖插在土中，之後會開花結果，隨後就消失了。第二天手杖果真開花結果，於是他開始四處傳播福音。聖克里斯多福被奉為旅客的保護神。人們求他保佑脫離水災、疾病、暴風等災難。

東正教將他描繪成狗頭人，出自對迦南人一詞的訛誤，將拉丁語中迦南人的Cananeus誤讀為犬的canineus。於是他被描述為在迦南之地的狗頭迦南人，一直都茹毛飲血，直到遇見了化身孩童的基督，他為自己此前的所作所為感到懺悔，作為獎勵，他獲得人的外貌。不過這種狗頭人的形象，在十七世紀末被東正教主流修正、禁止。

Amyctyrae這個詞意為沒有鼻子的人。在斯特拉波的《地理學》（*The Geographical*）中記載，他們食用生肉，比起上唇，下唇非常大。還有記載稱，這個種族的下唇上翻起之後，甚至可以拉到頭頂遮陰。這則傳說可能源自非洲實際存在的穆爾斯人（The Mursi），穆爾斯人現在主要分布在衣索比亞南部，正好是古代歐洲地理觀念中的異域邊緣，不過古代的衣索比亞和現代地理、政治觀念中的衣索比亞並不相同。他們以大唇為美，女性會去掉下顎上的部分牙齒，在下唇和齒根處切開，把陶盤放在其中。先是小型的陶盤，隨著年齡增長加大陶盤的尺寸，陶盤越大者越美麗，有人甚至可以把下唇拉到蓋在臉上。而且這種裝飾，只有權力富有者才能夠使用。

《紐倫堡編年史》的巨唇人形象。

根據老普林尼的《自然史》的說法，他們居住在印度東邊的盡頭，在恆河源頭的附近。他們天生無嘴，身體粗糙而多毛，採摘樹葉來遮蓋自己的身體，有人猜測認為這裡其實是指絲綢或者棉花。因為沒有長嘴巴，他們既不吃肉，也不喝酒，只能透過鼻孔吸食氣味以維持生存。當他們需要出行時，會帶上各種植物的根、花朵，還有野蘋果，使自己不會缺少聞食的東西。同時，氣味這種對平常人來說一般不具有威脅性的事物，也可以輕易地殺死他們，尤其當他們聞到濃烈而令人厭惡的氣味時。

《紐倫堡編年史》中的食味人形象。

獅頭人居住在紅海的海島上，他們的上半身就像一個預言師，下半身則和人類一樣。他們知曉所有的人類語言，當發現異鄉人時，會聲稱自己認識異鄉人和他的親屬，並用熟悉的名字來欺騙他。獲得對方的信任後，捕捉並將他吃掉，只留下頭顱。最後獅頭人會坐下來，對著頭顱哭泣哀悼。Donestre一詞的意義不明，有人認為是源自拉丁文的quasi divini，意思為神聖的。為什麼會將他們描述為上半身長得像一個預言師？這是很多人希望能夠弄清楚的問題。在中世紀手稿中，他往往長著獸頭、突出的眼睛，有時看起來就像是人類變成了長著順滑獅子鬃毛的怪物。

西元一一二〇年版的《東方奇蹟錄》（*The Wonders of the East*）中的獅頭人。

在老普林尼《自然史》裡記載，他們的膝蓋以下是向後生長的，但行走迅速。他們雖然是人形生物，但和野獸混雜生存在一起，而且非常野蠻，所有嘗試捕捉他們的行動都以失敗告終。他們生存在Imaus山的山谷中，這裡的空氣很特殊，一旦人身處在其中的時間過長，適應了其中的空氣，就再也無法接受別處的空氣，這種空氣使這裡的人和動物永遠都無法離開這個山谷。這有利於保護山谷，避免人們發現它的神祕位置。

這裡的Imaus山其實就是喜馬拉雅山，這則傳說據稱是被亞歷山大東征時隨行的人記載下來的。其中反踵但行動迅速的文句，使人想到了中國志怪典籍中記載的狒狒、梟陽之類，例如《爾雅．釋獸》中「狒狒」詞條有郭璞作

烏利塞・阿爾德羅萬迪《怪物志》中的反踵人形象。

Monſtrorum Hiſtoria. 15

exprimitur (horum hominum ſimulacra in foro Carthaginenſi iuxta portum effigiata fuiſſe Diuus Auguſtinus teſtatur. Præterea Plinius, & Solinus diuulgarunt, in onualle magna montis Imaui, vel potius Timai, eſſe regionem vocatam Abarimon, E quam homines plantis poſt crura auerſis mirandæ velocitatis, & aſſiduè cum Feris verſantes colunt. Hi in alio Solo, quàm in proprio minimè ſpirare dicuntur. Quapropter ad finitimos Principes deferri haudquaquam poſsunt; quorum figura eſt hęc.

Lib. 16. de Ciuit. Dei cap. 8.
Lib. 7. nat. hiſt. cap. 2

Homo pedibus auerſis.

註：「其狀如人，面長唇黑，身有毛，反踵。」而《山海經・海內南經》中也有：「梟陽國在北朐之西，其為人，人面長唇，黑身有毛，反踵。」的記載。而且西方與東方兩種傳說中記載的方位也很接近，一個在喜馬拉雅山，一個在中南半島一帶。甚至可以大膽猜測，這兩種傳說可能是同種傳說的不同演變。

Pygmaioi一詞出自希臘語，意為前臂的長度，形容這種族的人身材矮小。在《荷馬史詩・伊利亞德》中，俾格米人為保護他們的穀物，與鶴群戰的情節。另一則故事描述了戰爭的起源：俾格米女王Gerana炫耀自己的美貌，冒犯到希拉，希拉為了懲罰她，將她變成鶴。另外有傳說海克力士曾經遇到過他們，他們試圖趁海克力士熟睡時將他綁住，不過這些毫無功效，海克力士一站起來，這些束縛就像不存在一樣地脫落下來，爬在海克力士身上的俾格米人也自然掉落下來。

古希臘和古羅馬的學者試圖將俾格米人放置在一個地域觀念中，有時他們是在印度，有時他們在衣索比亞。老普林尼的《自然史》記載，俾格米人的身高不超過三臂

希臘紅繪陶酒瓶上的俾格米人與鶴的戰鬥，年代大概是西元前四三〇年至四二〇年。

長，他們居住的地域氣候溫和，四季如春。在他們北部有連綿的山峰，擋住寒流，保護他們。荷馬記載他們這族群的人被鶴包圍，在春季，他們會集結部族的力量，騎上綿羊和母山羊，佩戴上弓箭，來到海邊捕食鶴的幼崽和蛋，這樣可以降低鶴的數量，減少牠們對自己族群的威脅，這種征程往往會消耗他們三個月的時間。他們的住處是由泥土、蛋殼和羽毛搭建而成的，但古希臘哲學家亞里斯多德（Aristotle）認為他們是居住在山洞中。

到了中世紀，人們對俾格米人的想像更加天馬行空。在《曼德維爾爵士遊記》裡，俾格米人身材矮小，只有三臂高，但是性情公正而溫和。他們的壽命只有六到七年，在出生半年之後就會結婚生子，一旦有超過八歲的，族群會共同贍養他直到終老。他們擅長採集製作金、銀器，棉花和絲綢的工藝也是世間少有的。他們從鳥類那裡取走所需和所食，並且經常和這些鳥類發生戰爭。

在中國也有對俾格米人傳說的記載，在很多典籍都有收錄，譬如《國語．魯語》裡記載：「焦僥氏長三尺，短之至也。」

《史記．大宛列傳》的《括地志》講到：「小人國在大秦南，人才三尺，其耕稼之時，懼鶴所食，大秦衛助之，即焦僥國，其人穴居也。」

《神異經．西荒經》中有云：「西海之外有鵠國焉，男女皆長七寸，為人自然有禮，好經綸拜跪，其人皆壽三百歲，其行如飛，日行千里，百物不敢犯之。唯畏海鵠，遇輒吞之，亦壽三百歲，此人在鵠腹中不死，而鵠一舉千里。」

《太平御覽》卷三百七十八引《博物志》逸文：「齊桓公獵，得一鳴鵠，宰之，嗉中得一人，長三寸三分，著白圭之袍，帶劍持車（按淵鑑類函人部十五引作「刀」，作「刀」是也），罵詈瞋目。後又得一折齒，方圓三尺。問群臣曰：『天下有此及小兒否？』陳章答曰：『昔秦胡充（淵鑑類函引作「克」）一舉渡海，與齊魯交戰，折傷版齒；昔李子敖於鳴鵠嗉中遊，長三寸三分。』」

從源流上看俾格米人與鶴的戰鬥應該源自西方，傳入東方之後，故事中小人的元素逐漸凸顯，而鶴的元素漸漸隱去，小人變成了鬼怪。譬如《聊齋志異・耳中人》中的小人長三寸許，貌獰惡，如夜叉狀。

5-10 獨目人 ARIMASPOI

根據希羅多德的《歷史》記載，馬爾馬拉島的詩人阿里斯提亞斯（Aristeas of Proconnesus）曾經作有一部神話史詩，叫作《獨目篇》（*Arimaspea*）。傳說阿里斯提亞斯當初為了尋找希伯波里安人（Hyperborean）而一直遊歷，到達一處遙遠、寒冷的山脈，這裡的山巒屏障，難以踰越。回到希臘之後，他就寫下《獨目篇》史詩，這部史詩已經佚散在歷史中，透過希羅多德的《歷史》可以瞭解到大概。

在希羅多德記述阿里斯提亞斯的事蹟時，也提到獨目族。阿里斯提亞斯來到伊塞頓人（Issedones）所在之處，發現繼續前進就是獨目族所在之處，在往後就是守衛黃金的獅鷲所在地，接下來就能到達希伯波里安人的所在地，

西元前三四〇到三一〇年左右，古希臘器皿上的獨目人與獅鷲之戰。

他們的領土一直延續到海岸。除了希伯波里安人之外，其他部族經常爭鬥，獨目族將伊塞頓人從土地上趕走，伊塞頓人再將斯基泰人從土地上趕走。

希羅多德曾經親自來到希臘在黑海的殖民地，和當地的斯基泰人交流，對阿里斯提亞斯的旅程進行考證。他說自己是從斯基泰人那裡得到證實關於獨目人的消息，Arimaspoi這個名稱就是出自斯基泰人的語言，其中arima是指單獨的、一個，spou是指眼睛。希羅多德還說，在歐洲的北部黃金最多。但他無法確定這些黃金是怎麼樣產生的，但據說是獨目族從獅鷲那裡偷來的，那裡是世界的邊緣，圍繞著整個世界，所以可能會有人們認為最好最稀有的東西。

老普林尼在他的《自然史》提到，沿著黑海的歐洲海岸一直行進，可以到達塔內河（現在的頓河Don River），來到苗特人（Maeotae）所在的地域，經過苗特人，就來到獨目族所在的地區。繼續前行的話，能到達里菲山和一個叫作Peterophorus的地區，這裡一年不間斷下著鵝毛般的大雪。再越過北風之神的居所，可以到達希伯波里安人的所在，他們是以快樂聞名的族群。

老普林尼還說，在斯基泰以北有一個部族，生活在距離北風發源的地方不遠處，附近有一個叫作大地門閂的地穴。這個部族叫作獨目人，他們只在前額中心長著一隻眼睛。他們和獅鷲之間進行著長久的爭鬥，獅鷲從金礦中挖出黃金，並守衛起來，而貪婪的獨目族則想將黃金從獅鷲那裡奪走。

Arimaspoi可能還與荷馬史詩以及赫希爾德《神譜》中的Arimoi有關。在荷馬史詩中，宙斯戰勝提豐之後，提豐倒下的地方，被稱為阿里馬（Arimoi）之地。在赫希爾德的《神譜》裡，厄喀德娜的住處遠離不朽的諸神，和所有凡人在一個叫作阿里馬的深淵地穴。

獨目族的傳說在希臘非常盛行，日常器具中常常出現他們的形象，往往被繪製成衣裝華麗的亞洲人，和他們的宿敵獅鷲一同出現。

現代學者試圖考證出獨目族的真實面目，有人認為希羅多德錯誤理解了Arimaspoi一詞，它可能是愛（Ariama）和馬（Aspa）構成的合成詞，Arimaspoi應為愛馬者，是指草原民族長於騎術。也有人認為arima一詞意為孤獨，spou一詞意為守望，Arimaspoi應為孤獨的守望者，是指中亞遊牧民族塑立的那些石人像。

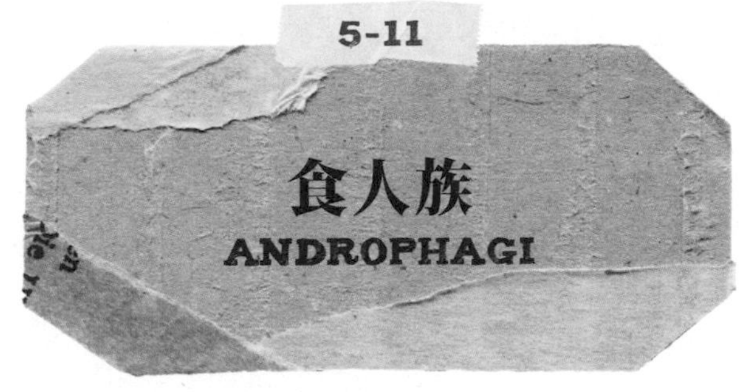

Androphagi在古希臘語意為食人者，據說他們是居住在斯基泰人以北的古老種族，可能是在聶伯河和頓河上游的森林中。關於他們，最早的記載來自希羅多德的《歷史》，其中講到他們是居住在斯基泰人附近的幾個部落之一，以遊牧為生。他們衣著和斯基泰人相類似，但風俗習慣比任何野蠻人都要野蠻，在他們的社會觀念中不存在任何正義，也不遵循任何道德規則或法律，雖然有自己的語言，也許這可以看作是他們步入文明的證明，但是和其他任何文明不同，人類也在他們的菜單上。

老普林尼在他的《自然史》也有記載，他的描敘更為具體：這個族群的人，用人類的頭蓋骨當作盛水器，把人的頭皮剝下來掛在自己的胸前，就像餐巾一樣。

安德烈·泰韋在西元一五七五年所著《宇宙志》中的食人族形象。

晚期羅馬帝國著名的歷史學家阿米阿努斯・馬爾切利努斯（Ammianus Marcellinus），在他的存世作品《歷史》（*History*）再次強調Androphagi的食人族特性，他聲稱這些居住在歐洲東北廣袤大地的族群主要依靠人類的肉為生，為了避免成為這些人的食物，其他部族都選擇遠離他們居住，這就造成了從歐洲東北到中國西北的一大片區域都人跡罕至。

不過到了近世，人們對這些文獻中所記載的異族往往會混淆。譬如莎士比亞在他的《奧賽羅》（*Othello*）就將無頭人和食人族混為一談，他將食人族的食人描述為彼此捕食的行為，同時還給他們賦予了無頭人的外貌，稱他們的頭長在肩膀以下。

現代有學者猜想Androphagi一詞，可能是古希臘語翻譯自古代伊朗北方語言中的mard-xwaar一詞，可能是斯基泰語中的詞語，意為食人者。而mard-xwaar可以演變為Mordva或者Mordvin，也就是莫爾多瓦。

近代的食人族往往被冠以Cannibal之名。地理大發現時代，西班牙來到西印度洋群島，發現加勒比人的宗教儀式中包含食人的過程，於是冠以野蠻人Cannibal的蔑稱，對食人族的想像和發現也從歐洲邊緣，轉移到南美洲、大洋洲和非洲的秘境之中。

在斐濟、亞馬遜河流域、剛果、紐西蘭的毛利人，都有相當程度的人類相食行為，斐濟曾經被稱為食人島。

在這些部落中，食人往往是一種文化行為，而不是生理或遺傳上的。他們相信吃掉這個人會獲得這個人的某些特質，於是族人死亡時，他們會吃掉他，使他的靈魂能夠在子孫身上延續，或是吃掉敵人，以表示戰勝對手。由此Androphagi一詞也從人們的常識用語中被Cannibal取代。

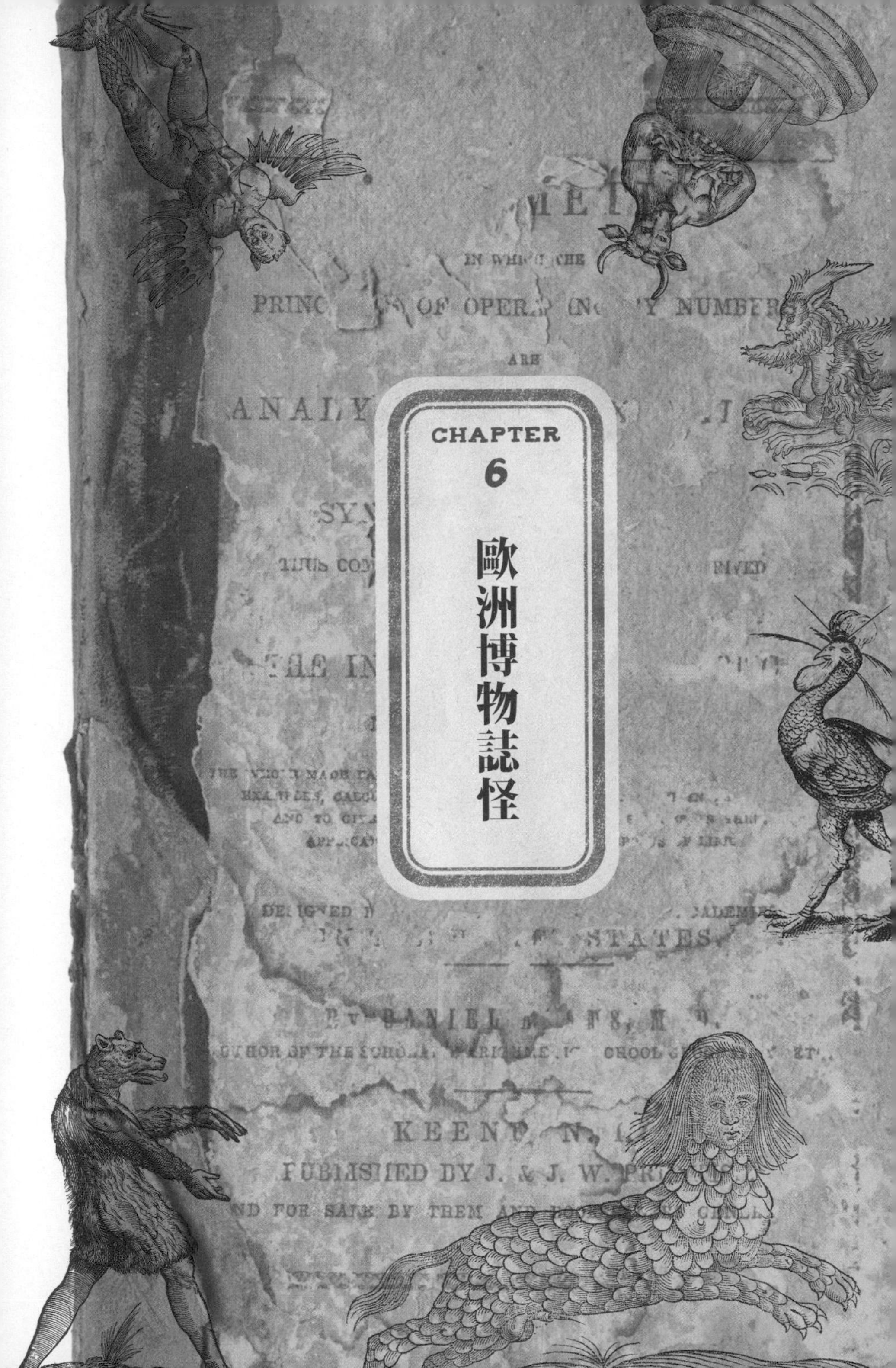

CHAPTER 6

歐洲博物誌怪

雖然在早期的人類史就出現具有狼人特徵的傳說生物，或在其他文明出現類似狼人的傳說，但是真正意義上的狼人werewolf一詞，以及狼人傳說，出現在十五世紀的歐洲，並從十六、十七世紀一直盛行到現代社會。

關於狼人轉化的文字記載，在希羅多德的《歷史》就有。他記載在斯基泰的東北方，有一個叫作Neuri的部族，部族的人每年都會變成狼，時間持續幾日，然後才會變回人形。希臘神話也有人變形為狼的故事，古希臘作家保薩尼亞斯記載到，阿耳卡狄亞的國王萊卡翁將自己的外孫、宙斯的兒子阿卡斯剁成肉醬，因此惹怒了宙斯，被宙斯變成狼，上升到天空，成了豺豹座。有認為這是狼人傳說的起源神話，於是狼人轉化的能力也被稱為

德國畫家老盧卡斯·克拉納赫繪製的狼人版畫。

lycanthropy，就是源自萊卡翁的名字Lycaon。

雖然有著一定的神話傳說，但是在十五世紀之前，歐洲人對狼人傳說並不熱衷，而且這時的傳說和日耳曼原始宗教的關係密切，傳說中往往是人披上狼皮，然後能夠獲得超人的能力。

挪威國王哈拉爾一世（Harald I）曾經擁有一些叫作Ölfhednar的戰士，這些戰士和狂戰士（Berserker，北歐傳說披著熊皮的戰士）類似，區別在於他們身披狼皮，而不是熊皮。他們認為披上狼皮能夠獲得類似於狼的能力，所以在戰鬥時也會選擇讓自己變得像狼一樣殘忍、凶暴。一方面這種傳說在中歐、西歐形成了狼人傳說，另一方面，傳說東傳入斯拉夫地區，這種怪物被稱為vlko-dlak意為狼皮，這個詞演變為vurdalak，意為食屍鬼、亡靈，也即是現代吸血鬼的雛形，從這一點看來，現代狼人和吸血鬼的傳說起源有著密切的關聯。

十五世紀狼人傳說開始盛行的原因是獵巫運動的興起，對狼人的審判和恐慌是在獵巫運動中很常見的現象。特別是到十六世紀末至十七世紀初的這段時間，歐洲四處都出現發現狼人的傳言，有人聲稱自己可以變成狼，還有各種狼人被審判定罪的記錄，以及各種醫學家闢謠的研究。他們往往認為狼人是人的幻想，或者妄想。這種因為狼人引起的恐慌在十七世紀中葉開始退潮，只有日耳曼地區依然流行，並且延續到十八世紀。

雖然不同文化中傳說的細節不同，但人們都認為狼人具有某些不同於人類的特徵。當他為人類形態時，有突出的眉骨，彎曲的指甲，耳朵的位置比人類的更低，走路的步態也和人類不同。切開他們的皮膚，裡面可以看見狼毛。他的舌頭下長有硬毛，會挖開墳墓，尋找新鮮屍體吞食。當他變為狼的形態時，雖然身體和狼的區分不大，但是體型更大，沒有長尾巴，眼睛還是人類的眼睛，聲音也還是人類的聲音。也有一說變成狼之後，只用三條腿奔跑，另一條腿會橫起來當作尾巴。

北歐傳說的狼人一般是老婦人，他們的爪子有毒，目光可以使牛和小孩動彈不得。而被滿月照射之後變成狼人傳說，主要出現在義大利、法國、德國。希臘傳說狼人死後，如果沒有消滅屍體，他們就會重生為狼群，在戰場附近徘徊，吸乾陣亡士兵的血。法國、德國和波蘭等地的人們認為，罪人死後會變成吸血的狼。為避免這種情況發生，牧師會將罪人的屍體用鏟子斬首驅魔，將首級扔進小溪中。匈牙利認為，一個人小時候如果受到雙親的虐待或者詛咒，他就會變成狼。

歐洲人認為狼人是可以治癒的，譬如將釘子釘入他的手心，或者用刀擊打他的額頭、頭頂，這些方法都非常致命。也有一些溫和的方式，譬如重複呼喚他的教名三次，或者直接責罵他。

現代學者試圖從醫學的角度來解釋狼人現象，有人認為是紫質症（porphyria）。不過紫質症患者並不具有類似於狼的特徵，所以有人提出這可能是多毛症（hirsutism），但是多毛症比較罕見，不符合歷史上大規模發生的記載。於是有人認為狼人傳說可能源自狂犬病，譬如有被狼或者狼人咬傷也會變成狼人的傳說，但是這個傳說誕生時間較晚，不屬於早期狼人傳說。

十八世紀以後，狼人多出現於各種小說中，並且成為一種盛行的怪物，一直延續到現代。

西元一五三一年，在薩爾斯堡（Salzburg）北部豪恩斯山麓的森林中，人們發現了一個野人，他長著一對啄木鳥的後腿，一對狗一樣的前腿，頭上長著揚起的雞冠和山羊的角，脖子和下巴有獅子鬃毛一樣的濃密毛髮，四肢匍匐在地。一五六〇年代，康拉德·格斯納在編撰五卷本的《動物史》（*Historia animalium*）時，也將他收錄進去。同時代的皮耶·鮑伊斯陶烏（Pierre Boaistuau）在著作《驚人歷史》（*Histoires prodigieuses*）也記錄這隻怪物，採用了類似的插畫，成了最典型的Forstteufels圖像。在海爾布倫宮（Schloss Hellbrunn）也有他的雕塑，採用了和《動物史》中不同的形象，整體形象看起來更加粗壯。現代談論起他時，往往會認為他和狼人有關聯，認為這是早期狼人傳說的記錄。

866 *De Quadrupedibus*

runt: nam per montes iter conficere assuetæ sunt. Contra eos qui se insequuntur pugnant, de summis montibus saxa deuoluentes. Ex ijs nonnullæ, sed ægertime tandem, aut ægrotantes, aut grauidæ comprehenduntur. Illæ quidem propter morbum: hæ vero ob grauiditatem, Aelianus. Sed feras toto corpore hirtas esse, caudis equinis, & propter celeritatem non nisi morbo aut senecta graues capi, alij authores satyris ipsis attribuerunt.

In Syluis Saxoniæ versus Daciam, in deserto murice (nemore) cuiusdam, capta sunt parum ante hæc tempora duo monstra pilosa, ferè in omnibus habentia figuram hominis: & fœmina quidem mortua fuit morsibus [illegible] & vulneribus venatorum. Masculus autem captus est domesticus, & didicit ire super pedes erectus: & didicit loqui imperfecte valde & non multa verba, & habuit vocem exilem sicut capreolus, & rationem nullam habuit, de secessu & egestione & alijs talibus verecundabatur, multum autem appetijt coire cum mulieribus: & has publice qualescunque essent tempore libidinis opprimere tentauit, Albertus. Et rursus libro 22. in Catalogo quadrupedum, de Confusa bestia scribens, citatis Solini verbis: quæ apud Solinum non de Confusa (corruptum enim hoc nomen est) sed cepo seu celpho simiarum generis habentur: Hanc, inquit, temporibus nostris vidimus in syluis Sclauiæ (supra legitur Saxoniæ, forte pro Sclauoniæ) deprehensam, marem & fœminam, vt in præcedentibus diximus, (locum iam recitatum intelligens: & procedente tempore voces quasdam expressit. Est autē hoc animal de genere simiarum. Rursus eodem libro, Pilosus, inquit, animal est compositum ex homine superius, & capra inferius, cornutum in fronte: simiarum generis, sed valde monstrosum: aliquoties erectum incedit & mansuescit. In desertis Aethiopiæ habitare ferunt: & aliquando captum & mortuum sale conditum Alexandriam missum, inde Constantinopolim delatum. Ex quibus verbis omnino apparet pilosum Alberto & recentioribus, nihil aliud quàm satyrum esse.

Satyrorum historiæ subijciendum duxi monstrum istud, cuius effigiem apposui, quam eximiæ eruditionis & humanitatis vir Georgius Fabricius ex Misnia Germaniæ ad nos misit, & simul descriptionem, his verbis: Quadrupes illud captum est in ditione episcopi Salceburgensis, in saltu quem Hanesbergium vocant. Colore fuit giluo in flauum declinante. Feritatis insolitæ: hominum enim aspectum fugit, seque in tenebras, vbi potuit, abdidit. Tandem cum ad cibum capiendum neque cogi neque allici posset, paucos post dies est extinctum. Pedes posteriores prioribus dissimiles, & multò longiores fuerunt. Reliqua facile ex icone intelliguntur. Captum est anno salutis tricesimo primo supra mille quingentos.

DE BELLVIS humanæ formæ in Noruegia, quarum historia si vera est, Satyrorum historiæ subiungi potest.

FINIS nunc imponendus esset his quæ de regni Scotici descriptione memorauimus, nisi vnius rei nouitas properantem remoraretur calamum: quam nuper accepimus referentibus probissimis viris ab Iacobo quarto Scotorum rege ad Galliarum regem oratoribus missis: quorum facile princeps Iacobus Ogiluius gymnasij Aberdonensis gratissimus alumnus. Hi ascenso mari repente exorta procellosa tempestate per transuersum in Noruegiam pulsi, quum in litus egressi essent, non ita longè in montibus, homines vt apparebat villosos ac quales vulgò pingunt syluestres appellatos discurrere videntes, portento constitêre attoniti. Mox ab incolis edocti sunt, belluas eas esse humana effigie mutas, verùm homines insigni persequentes odio. Cæterum per lucem adeò metuentes vt nec in aspectum quidem hominis subire audeant: per noctem autem grassantes, villas gregatim inuadere, nisi eas disterrentes canes arceant, ad quorum

康拉德・格斯納《動物史》中的森林惡魔形象。

野人在類似《高文爵士和綠騎士》（*Sir Gawain and the Green Knight*）之類的中世紀文學、藝術作品中是非常常見的形象，往往披頭散髮、手持木棍，腰間圍有一圈樹葉，或者一絲不掛，甚至渾身長滿毛髮。

有人認為，這種形象源自中東對歐洲的影響，恩奇都就是一個類似於野人的形象，在聖經《但以理書》尼布甲尼撒（Nebuchadnezzar）發瘋之後，在荒野裡舉止變得像野獸一樣，也是中世紀歐洲流行的野人主題。同時，中世紀野人傳說和形象也有來自希臘羅馬的基因，其中融入了薩提、法翁、西爾瓦努斯的元素，例如瑞士格里松斯（Grisons）的農民將野人灌醉之後，把他綁起來，期望能夠說出智慧的祕密，以換取自由。

十五、十六世紀德國狂歡節遊行中野人裝扮的手抄本記錄。

類似橋段也出現在古希臘歷史學家色諾芬（Xenophon）、奧維德的記載。同時，歐洲對野人的想像可能融入博物誌、旅行記中的記載，雖然在這些著作，野蠻人往往居住在印度、利比亞、衣索比亞、斯基泰之類的蠻荒之地。

到了中世紀晚期和文藝復興時期的德國，野人被用作採礦的標誌出現在紋章上。據稱礦工在哈次山（Harz）探脈時遇到了一對男女野人。

坎卜斯往往被視為歐洲的聖誕節角色，牠往往會和聖尼古拉（Saint Nicholas）一起出現在節日慶典，或者是人們在聖尼古拉節前一天舉行坎卜斯之夜。不過比起聖尼古拉，和坎卜斯有關的傳說和習俗主要分布在奧地利、巴伐利亞、克羅埃西亞、捷克、匈牙利、斯洛伐克、斯洛維尼亞、南蒂羅爾和義大利北部這幾個地區。但是類似於坎卜斯的裝扮和習俗幾乎在整個歐洲大陸都存在，甚至還在大航海時代，漂洋過海流傳到美洲，和當地民俗融合，形成迪亞波羅之舞之類的狂歡節習俗。

坎卜斯可能起源於阿爾卑斯山地區，從十一世紀起，聖尼古拉傳說傳入德國。在十六世紀，德國人戴上惡魔、動物的面具來對羅馬公教堂進行滋擾，人們認為這種裝扮

十九世紀歐洲的坎卜斯賀卡。

有著異教起源，受到基督教的影響，和惡魔觀念同化。到了十七世紀，人們將坎卜斯和聖尼古拉聯繫在一起，使聖尼古拉和坎卜斯配對出現在冬季慶祝儀式上。這時坎卜斯的裝扮往往類似於基督教中的惡魔，同時裝扮者會佩戴上鎖鏈，鎖鏈上有鈴鐺，意味著惡魔被教會所制伏。裝扮者會表演試圖掙脫鎖鏈，讓鈴鐺作響的動作。

坎卜斯會攜帶一根樺樹枝，樺樹在古代巴伐利亞等地具有生殖崇拜的意義，他們認為樺樹是雌性的，可以生出人類的小孩，或者在她的樹洞中能夠發現人類的小孩。攜帶樺樹枝並且用來抽打小孩，可能源自前基督教時期的宗教儀式。有些時候樺樹枝也會被鞭子所代替。坎卜斯也會拿著一個籃子、背著一個口袋出現，籃子裡面裝著對好孩子的獎品，而壞孩子則是要被裝進口袋淹死或者送去地獄。又或者是聖尼古拉給好孩子贈送禮品，坎卜斯給壞孩子送煤球和鞭打的懲罰。

在二十世紀初的時候，坎卜斯相關的儀式被政府當局禁止，二十世紀末才逐步得到復興。現代的坎卜斯雖然在不同地區有不同裝扮和儀式特點，但都往往是身披羊毛外套，腰間繫上牛鈴，脖子或者四肢繫上鎖鏈，頭戴羊角，面戴猙獰的面具，有些形制的面具還會吐出長長的舌頭，在十二月五日夜晚，聖尼古拉節的前夕，在市鎮中四處遊行狂歡。

傳說博納肯是巴爾幹地區古國皮奧尼亞（Paeonia）的一種動物，有學者認為牠們的原型應該是已經滅絕的歐洲野牛。

老普林尼的《自然史》記載牠長有馬一樣的鬃毛，身體其他部位和牛類似，但是牠的角過於彎曲，以至於在戰鬥中無法產生作用。在牠遇到危險被襲擊的時候，牠會迅速逃走，並且會從肛門噴出可以覆蓋六百多英呎面積的糞便。被這些糞便接觸到的動物，皮膚會像著火一樣被燒焦，並且引起劇烈的疼痛。

成書於十二世紀的《阿伯丁動物寓言》（*Aberdeen Bestiary*）延續了老普林尼的說法，不過將博納肯的棲息地從巴爾幹半島位移到亞洲，稱牠有一顆公牛一樣的頭，

西元一五一一年《艾許摩爾動物寓言集》（*Ashmole Bestiary*）中的博納肯形象。

身型也和公牛相似，但是脖子像馬，角的形狀很複雜，會捲回到自己身上，這使牠在面對捕食者時無法用角保護自己。為牠提供保護的是牠的腸子，當牠逃跑時，會從肛門中排放出可以散布到三英畝之外的煙霧，其中的熱能可以使任何接觸到煙霧的動物直接燃燒，透過這種方式使任何捕食者不敢輕易攻擊牠。

義大利熱那亞第八代總主教雅各·德·佛拉金（Jacobus de Voragine）所編撰的《黃金傳說》（*The Golden Legend*），介紹聖女瑪爾大（St.Martha）的事蹟時，提到博納肯，傳說牠棲息於安納托利亞中部的加拉太（Galatia），和利維坦交配之後產下塔拉斯克之龍（Tarasque）。

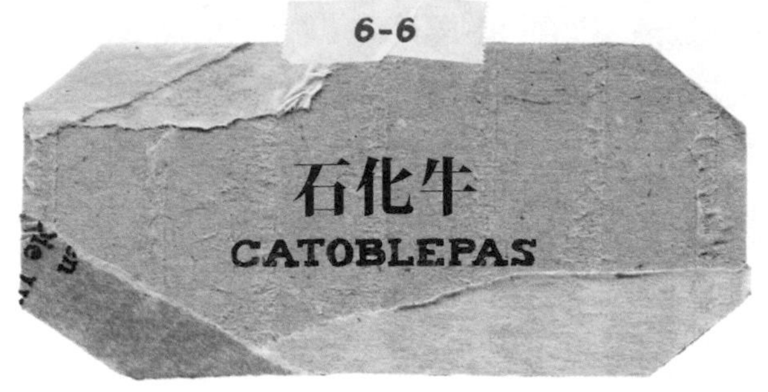

Catoblepas一詞出自希臘語καταβλέπω，意為向下看。在老普林尼的《自然史》中，記載衣索比亞西部有一汪大泉，有人說這處泉水就是尼羅河的源頭，在這附近生存著一種叫作石化牛的動物。牠的體型中等，行動遲緩，頭非常沉重，連抬頭都很困難，所以牠的頭總是靠近地面低垂著。而牠的視線非常致命，任何與牠對視的生物都會即刻喪命。

古羅馬學者埃里亞努斯（Claudius Aelianus）在他的《論動物的特性》（*De Natura Animalium*）也提到石化牛，他說這一種體形中等的食草類動物和馴養的公牛一般大小，長著一頭濃密的鬃毛，有一對細長、充血的眼睛，雜亂的眉毛，背部長有鱗片，頭部很重，所以一直低著頭。

英國作家愛德華．托普塞爾西元一六五八年出版的《四足獸史》中的石化牛形象。也許因為石化的異能相近，他將這種動物標記為戈爾貢。

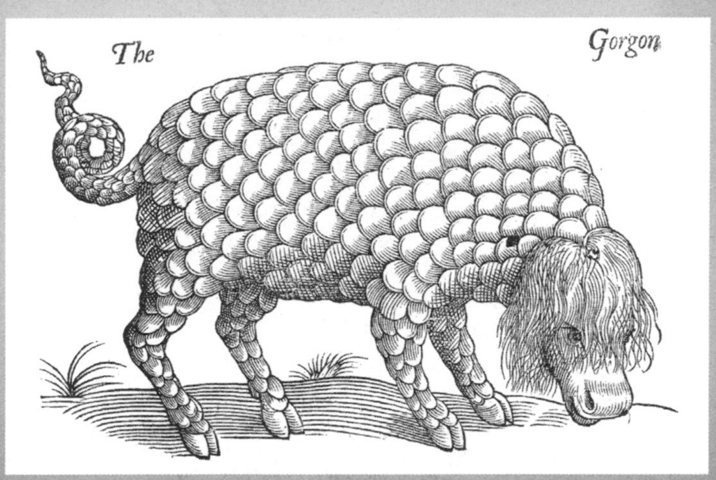

因為牠只吃有毒的植物，所以有毒的是牠的呼吸，而不是牠的視線。

十三世紀的英格蘭方濟會修道士巴特洛邁烏斯·安戈里克斯（Bartholomeus Anglicus），在他的百科全書式著作《萬物屬性》（*De proprietatibus rerum*）提到，他認為這種生物也生活在衣索比亞的尼羅河泉眼處，不過身體形態卻和老普林尼描述的不一樣。他認為這種生物有著較小的身體和較大的頭顱，頭顱總是垂向地面，就像巴西里斯克一樣，任何生物和牠對視，都會立即死亡。

這些是比較具有代表性的記載，其中對石化牛傳說和形象影響最深的是埃里亞努斯。他記錄的公牛一般大小，在後世被訛誤，以至於直接將石化牛當成類似於公牛的生物。而牠背上長有鱗片的樣子，在後世的繪畫中直接將鱗片覆蓋全身，更有甚者，給牠添加一對惡魔般的翅膀。

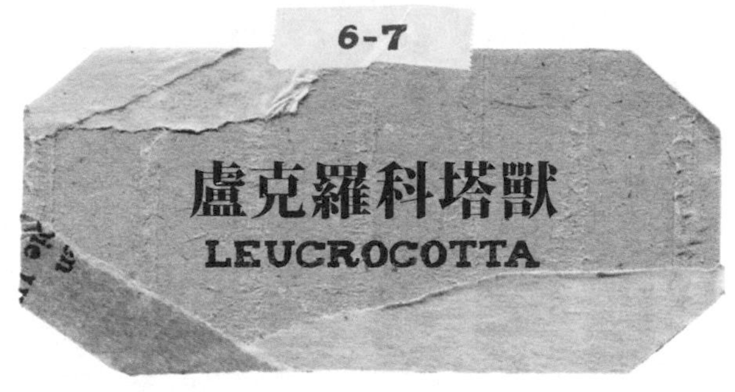

6-7 盧克羅科塔獸 LEUCROCOTTA

Leucrocotta 也叫 Leukrokotta、Corocotta、Crocuta、Krokuta、Kynolykos，不論哪一個詞，都和傳說中的牠有直接的血緣關係。人們認為牠是一種狼、鬣狗、獅子等不同動物雜交而產下的生物，有些文獻認為是狗，有些文獻認為是母獅，譬如斯特拉波就認為牠是狼與狗雜交之後，誕下的後代。

老普林尼在《自然史》提到，盧克羅科塔獸是所有野獸中速度最快的，身形和驢相當，有獅子一樣的脖子、尾巴和胸，鹿一樣的腰、後腿和蹄子，獾一樣的頭。在各種中世紀手抄本中，牠最顯著的特徵是有一張裂開至腮的大嘴，這樣的血盆大口裡，長的不是牙齒，而是一排和整個顎骨長成一體的脊椎骨。而且牠和鬣狗類似，能夠模仿人

義大利人文學者彼得羅·坎迪多·德塞布里奧（Pietro Candido Decembrio）在西元一四六〇年為盧多維科三世·貢扎加（Ludovico III Gonzaga）繪製的手抄本中的盧克羅科塔獸。

類的聲音。

西元九世紀的君士坦丁堡普世牧首（Ecumenical Patriarch of Constantinople）佛提烏斯一世（Photios I of Constantinople）也記載過這種動物。在他的筆下，這種動物分布在衣索比亞，具有驚人的力量，能夠模仿人講話的聲音，並以此為陷阱，在夜間呼喚旅人的名字，以誘捕那些受騙後靠近牠的人類。牠像獅子一樣勇猛，馬一樣迅速，牛一樣強壯，任何金屬武器都無法傷害到牠。

古羅馬歷史學家卡西烏斯・狄奧（Cassius Dio）曾經記載這種動物被送到羅馬的樣子，那時是羅馬塞維魯王朝的第一個皇帝塞提米烏斯・塞維魯斯（Septimius Severus）當政的時期。盧克羅科塔獸第一次被人從印度獻入羅馬，牠的毛色就像是獅子和老虎的混合，外形也帶有這些動物的特徵，同時也有狗和狐狸的特徵混入，非常奇異。

托普塞爾的著作中記載一種叫作蘇獸的可怕動物，牠的棲息地在新發現的大陸，一個叫作Gigantes的地方，這裡的住民叫作Patagones。這個國家氣候很冷，需要捕獵當地生活的動物，剝取牠們的皮毛以禦寒。這種動物大多數時候生活在海中，所以當地住民給牠取名為su，據說這個詞在當地人的語言裡意思是水。

當獵人想要獲取牠的皮毛而前來捕獵的時候，牠會立即把自己的孩子背在背上，用蓬鬆的尾巴將牠們遮擋住。這種狀況下，幾乎沒有任何動物或者獵人能夠靠近，因為這時牠非常亢奮，敢於去殺死任何追捕牠的敵人。所以獵人為了捕捉，往往不會直接攻擊，而是選擇在地面上挖一個坑，坑上用雜草、樹枝和泥土遮蓋上薄薄的一層，牠

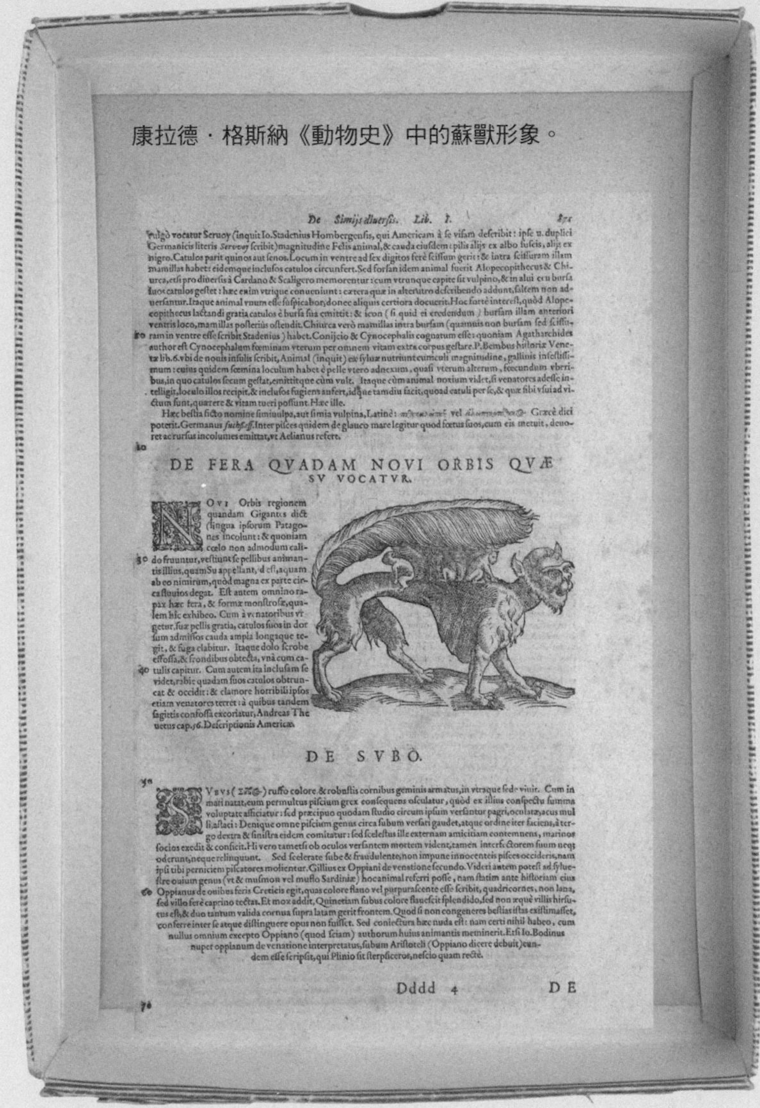

康拉德・格斯納《動物史》中的蘇獸形象。

De Simijs diversis. Lib. I. 871

Vulgò vocatur Seruoy (inquit Io. Stadenius Hombergensis, qui Americam à se visam describit: ipse u. duplici Germanicis literis *Servouy* scribit) magnitudine Felis animal, & cauda eiusdem: pilis alijs ex albo fuscis, alijs ex nigro. Catulos parit quinos aut senos. Locum in ventre ad sex digitos ferè scissum gerit: & intra scissuram illam mamillas habet: eidemque inclusos catulos circunfert. Sed forsan idem animal fuerit Alopecopithecus & Chiurca, etsi pro diversis à Cardano & Scaligero memorentur: cum vtrunque capite sit vulpino, & in alui ceu bursa suos catulos gestet: hæc enim vtrique conueniunt: cætera quæ in alterutro describendo addunt, saltem non adversantur. Itaque animal vnum esse suspicabor, donec aliquis certiora docuerit. Hoc fortè interest, quòd Alopecopithecus lactandi gratia catulos è bursa sua emittit: & icon (si quid ei credendum) bursam illam anteriori ventris loco, mamillas posteriùs ostendit. Chiurca verò mamillas intra bursam (quamuis non bursam sed scissuram in ventre esse scribit Stadenius) habet. Conijcio & Cynocephalis cognatum esse: quoniam Agatharchides author est Cynocephalum fœminam vterum per omnem vitam extra corpus gestare. P. Bembus historiæ Venetæ lib. 6. vbi de nouis insulis scribit, Animal (inquit) eæ syluæ nutriunt cuniculi magnitudine, gallinis infestissimum: cuius quidem fœmina loculum habet è pelle vtero adnexum, quasi vterum alterum, fœcundum vberibus, in quo catulos secum gestat, emittitque cùm vult. Itaque cùm animal noxium videt, si venatores adesse intelligit, loculo illos recipit, & inclusos fugiens aufert, idque tamdiu facit, quoad catuli per se, & quæ sibi vsui ad victum sunt, quærere & vitam tueri possunt. Hæc ille.

Hæc bestia ficto nomine simiuulpa, aut simia vulpina, Latinè: [illegible] vel [illegible] Græcè dici poterit. Germanus *fuchsaff*. Inter pisces quidem de glauco mare legitur quod fœtus suos, cum eis metuit, deuoret ac rursus incolumes emittat, vt Aelianus refert.

DE FERA QVADAM NOVI ORBIS QVÆ SV VOCATVR.

Novi Orbis regionem quandam Gigantes dicti (lingua ipsorum Patagones) incolunt: & quoniam cœlo non admodum calido fruuntur, vestiunt se pellibus animantis illius, quam Su appellant, id est, aquam ab eo nimirum, quòd magna ex parte circa fluuios degat. Est autem omnino rapax hæc fera, & formæ monstrosæ, qualem hic exhibeo. Cum à venatoribus vrgetur, suæ pellis gratia, catulos suos in dorsum admissos cauda ampla longaque tegit, & fuga elabitur. Itaque dolo scrobe effossa, & frondibus obtecta, vnà cum catulis capitur. Cum autem ita inclusam se videt, rabie quadam suos catulos obtruncat & occidit: & clamore horribili ipsos etiam venatores terret: à quibus tandem sagittis confossa excoriatur, Andreas Theuetus cap. 56. Descriptionis Americæ.

DE SVBO.

Svbvs ([illegible]) ruffo colore & robustis cornibus geminis armatus, in vtraque sede viuit. Cum in mari natat, eum permultus piscium grex consequens osculatur, quòd ex illius conspectu summa voluptate afficiatur: sed præcipuo quodam studio circum ipsum versantur pagri, oculatæ, acus, mulli, astaci: Denique omne piscium genus circa subum versari gaudet, atque ordine iter faciens, à tergo dextra & sinistra eidem comitatur: sed scelestus ille externam amicitiam contemnens, marinos socios excedit & conficit. Hi vero tametsi ob oculos versantem mortem vident, tamen interfectorem suum neque oderunt, neque relinquunt. Sed scelerate sube & fraudulente, non impune innocenteis pisces occideris, nam ipsi tibi perniciem piscatores molientur. Gillius ex Oppiani de venatione secundo. Videri autem potest ad syluestre ouium genus (vt & musmon vel muflo Sardiniæ) hoc animal referri posse, nam statim ante historiam eius Oppianus de ouibus feris Creticis egit, quas colore flauo vel purpurascente esse scribit, quadricornes, non lana, sed villo ferè caprino tectas. Et mox addit, Quinetiam subus colore flauescit splendido, sed non æquè villis hirsutus est, & duo tantum valida cornua supra latam gerit frontem. Quod si non congeneres bestias istas existimasset, conferre inter se atque distinguere opus non fuisset. Sed coniectura hæc nuda est: nam certi nihil habeo, cum nullus omnium excepto Oppiano (quod sciam) authorum huius animantis meminerit. Etsi Io. Bodinus nuper oppianum de venatione interpretatus, subum Aristoteli (Oppiano dicere debuit) eundem esse scripsit, qui Plinio sit sterpsiceros, nescio quam rectè.

Dddd 4 DE

一旦走在上面，就會連帶著自己背上的孩子一起掉入坑洞中。

這種動物往往被形容為殘忍、不可馴服、暴躁和血腥，一旦認定自己無法逃出獵人的陷阱，就會將自己的孩子全部咬死，避免牠們被人類捕捉。當獵人來到牠身邊時，會發出充滿怨恨的可怕咆哮，直盯盯地看著要殺死牠的人，並不慌張或者驚恐，也不會抵抗。獵人靠近牠之後，會用飛鏢或者長矛將牠殺死，然後剝下毛皮帶走，將屍骨留在原地。

Gulon又叫作gulo，是斯堪地那維亞地區和日耳曼地區傳說的一種生物，也被叫作Vilsruff、Jerff、Rossomokal，Gulon是牠的拉丁語名稱，由暴食gluttire一詞演變而來，主要得名於牠貪婪暴食的生理特性。

傳說牠的身體和大型犬一樣壯實，耳朵和臉則像是貓，爪子非常尖銳，身體上長滿長長的棕色毛髮，尾巴像狐狸，但是稍短，頭部的毛髮最厚，能夠做出整個冬帽。

牠食性貪婪，當發現一個動物屍體之後，一定會拚命吞食，直到自己的肚腹脹成鼓一樣。這時如果屍體還沒有吃完，牠會找一個狹窄的樹杈，將身體卡在中間，拚命地擠壓肚腹，直到胃中的食物全部消化成糞便被排出，然後再回到屍體邊，繼續大快朵頤，如此循環不停，直到屍體只剩下一副白骨，然後尋找下一個食物。牠捕獵時，一般

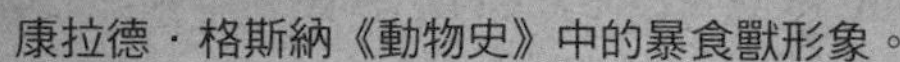

康拉德·格斯納《動物史》中的暴食獸形象。

De Quadrupedibus

DE GVLONE.

是躲在樹上，等到獵物經過時，從樹上跳下突然襲擊。

這種生物的肉對人來說是難以下嚥的，不過牠的皮毛卻正好相反，非常珍貴，這些北方的住民甚至不願意讓這些皮毛流入外國。牠的皮毛是白色、黑色和深棕色相間，能夠迅速產生熱量並利於保溫，是王公貴族在冬季的必需品，但是穿著牠的皮毛的人會產生和牠一樣難以被滿足的慾望。牠的腸被製成琴絃，會發出刺耳但讓人享受的樂聲，使用這種琴絃能夠鍛鍊出更好的技藝。牠的爪子就像螺旋放在頭上，能夠治癒眩暈症和耳鳴。用牠鮮血和熱水混合，以蜂蜜調味，能夠讓人一醉方休。將牠的油脂塗抹在感染、腐敗的傷口上，能夠迅速使傷口得到治癒。將牠的牙齒佩戴在身上，可以增加對異性的吸引力。剛從牠屍體上取下的爪子能夠驅趕貓、狗。

為了皮毛，獵人一般不會在夏季捕捉牠，這時牠的皮毛價值遠低於冬季。因為牠比狗要凶猛，所以一般的獵犬產生不了作用，獵人一般會用動物屍體做誘餌，等牠饕餮一番，將自己卡在樹杈之間時用弓箭射死。不過這樣會破壞毛皮，於是獵人在誘餌上設套，將牠吊在半空中直到氣絕。

這種動物的原型一般認為是貂熊，主要分布於北極邊緣及亞北極地區。牠的消化量很驚人，在一天內可以消耗十三磅肉。雖然牠確實會擠壓自己的肚腹，不過吃不完的食物，也會想辦法帶走藏起來。

曼提柯爾是古代歐洲對東方世界異域化想像的產物之一，老普林尼的《自然史》援引了古希臘作家克特西亞斯的說法，而克特西亞斯就是將曼提柯爾傳說傳入歐洲的源頭。他說曼提柯爾長著人臉和耳朵，眼睛是灰色的，嘴巴裡長有三排牙齒，密密麻麻排列著就像梳子一樣。牠的身型和獅子類似，但全身都是紅色的，聲音就像潘神之笛和勝利號角的混奏，在尾巴的尖端長著蠍子一樣的螫刺。牠對人肉有著強烈的偏好，並且行動非常迅速。

方濟會修道士巴特洛邁烏斯·安戈里克斯在他的《萬物屬性》也講到曼提柯爾，他說在印度有一種奇異形狀的怪物，牠的身體和皮毛就像熊一樣，四肢和獅子類似，但是卻長著人臉。牠的腦袋是紅色的，上面長著一張血盆大

英國作家愛德華・托普塞爾西元一六五八年出版的《四足獸史》中的曼提柯爾形象。

口，裡面是整整三排尖牙利齒，尾巴像蠍子那樣長著一根螫刺。牠的聲音像號角那樣震懾人心，世界上所有野獸之中，牠是最為殘忍的，速度很快，擅長吃人。

希臘哲學家費洛斯特拉圖斯曾經轉述一段阿波羅尼奧斯對曼提柯爾的描述：這種生物有四英呎長，牠的頭和人的頭很像，大小和獅子差不多，尾巴上有一根長而鋒利的長刺，能夠像射箭那樣把這根尖刺射出去，來捕獲獵物。

中世紀時期，人們對曼提柯爾傳說的原型也有很多種說法，譬如認為牠應該就是印度虎，或者是狒狒，畢竟Manticore這個詞源自中世紀波斯詞語Martikhoras，意為食人者。但在古代歐洲的想像渲染之下，早就難以考證了。

模仿狗Mimicke Dogge也被叫作Getulian Dogge，牠能夠很容易地模仿牠所看到的東西。這種特性使人聯想到猿猴，有人認為關於牠的想像是由猿猴衍生而來，或者受到猿猴的啟發，也有人認為牠的智慧和性情類似於猿猴。牠長著類似刺蝟的尖臉，臉部是黑色的，有著長長的四肢，周身都是毛茸茸的，有一條短尾巴。

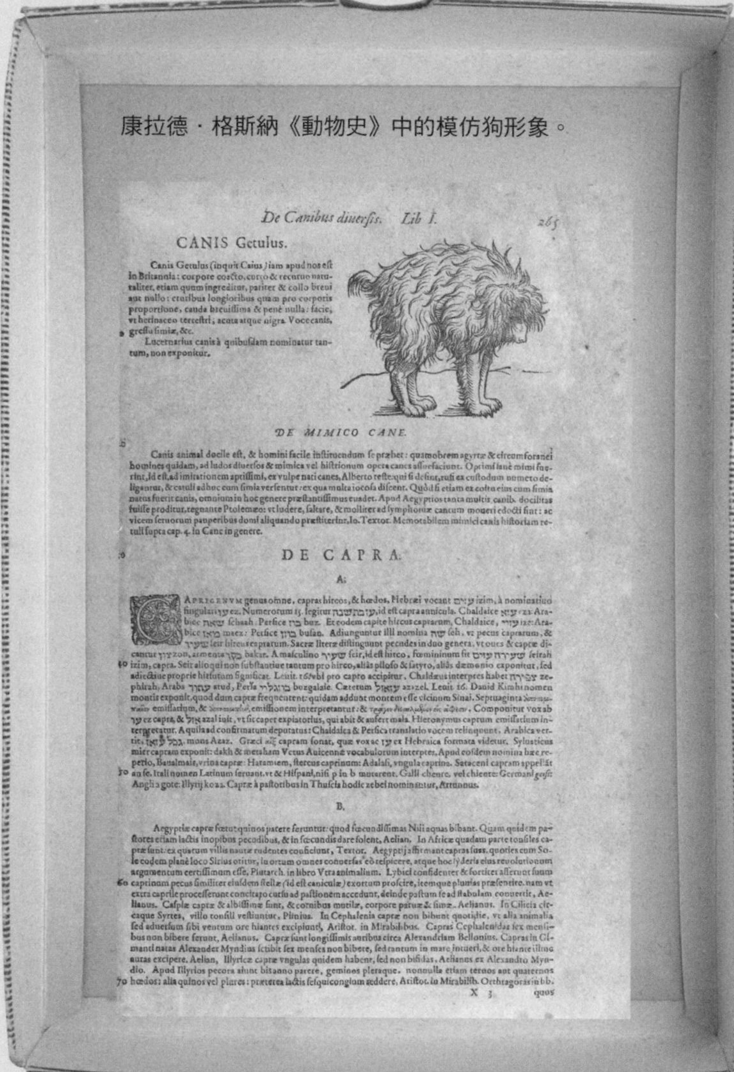

康拉德・格斯納《動物史》中的模仿狗形象。

De Canibus diuersis. Lib I. 265

CANIS Getulus.

Canis Getulus (inquit Caius) iam apud nos est in Britannia: corpore coacto, curuo & recuruo naturaliter, etiam quum ingreditur, pariter & collo breui aut nullo: cruribus longioribus quam pro corporis proportione, cauda breuissima & pene nulla: facie, vt herinaceo terrestri; acuta atque nigra. Voce canis, gressu simiæ, &c.

Lucernarius canis à quibusdam nominatur tantum, non exponitur.

DE MIMICO CANE.

Canis animal docile est, & homini facile instituendum se præbet: quamobrem agyrtæ & circumforanei homines quidam, ad ludos diuersos & mimica vel histrionum opera canes assuefaciunt. Optimi sanè mimi fuerint, id est, ad imitationem aptissimi, ex vulpe nati canes, Alberto teste: qui si desint, rufi ex custodum numero deligantur, & catuli adhuc cum simia versentur: ex qua multa iocosa discent. Quòd si etiam ex coitu eius cum simia natus fuerit canis, omnium in hoc genere præstantissimus euadet. Apud Aegyptios tanta multis canib. docilitas fuisse proditur, regnante Ptolemæo: vt ludere, saltare, & molliter ad symphoniæ cantum moueri edocti sint: ac vicem seruorum pauperibus domi aliquando præstiterint, Io. Textor. Memorabilem mimici canis historiam retuli supra cap. 4. in Cane in genere.

DE CAPRA.

A.

CAPRIGENVM genus omne, capras hircos, & hœdos, Hebræi vocant עזים izim, à nominatiuo singulari עז ez. Numerorum 15. legitur עז בת שנתה, id est capra annicula. Chaldaice עזא eza: Arabice שאה schaah: Persice בוז buz. Et eodem capite hircus caprarum, Chaldaice, עזי ize: Arabice מאז maez: Persice בוזן busan. Adiunguntur illi nomina שה seh, vt pecus caprarum, & שעיר seir hircus caprarum. Sacræ literæ distinguunt pecudes in duo genera, vt oues & capræ dicantur צאן zon, armenta בקר bakar. A masculino שעיר seir, id est hirco, fœmininum fit שעירת עזים seirath izim, capra. Seir alioqui non substantiue tantum pro hirco, aliàs piloso & satyro, aliàs dæmonio exponitur, sed adiectiue proprie hirsutum significat. Leuit. 16. vbi pro capro accipitur. Chaldæus interpres habet צפירה zephirah, Arabs עתוד atud, Persa בוזגלאי buzgalaie. Cæterum עזאזל azazel. Leuit. 16. Dauid Kimhi nomen montis exponit, quod dum capræ frequentent: quidam addunt montem esse vicinum Sinai. Septuaginta emissarium, & emissionem interpretantur: & . Componitur vox ab עז ez capra, & אזל azal iuit, vt sit caper expiatorius, qui abit & aufert mala. Hieronymus caprum emissarium interpretatur. Aquila ad confirmatum deputatus: Chaldaica & Persica translatio vocem relinquunt. Arabica vertit, גבל עזאז, mons Azaz. Græci αἶξ capram sonat, quæ vox ac עז ex Hebraica formata videtur. Syluaticus mier capram exponit: dakh & metaham Vetus Auicennæ vocabulorum interpres. Apud eosdem nomina hæc reperio, Baualmais, vrina capræ: Hatamiem, stercus caprinum: Adalasi, vngula caprina. Saraceni capram appellant anse. Itali nomen Latinum seruant, vt & Hispani, nisi p in b muterent. Galli cheure, vel chieure: Germani geiß: Angli a gote: Illyrij koza. Capræ à pastoribus in Thuscia hodie zebei nominantur, Arrunnus.

B.

Aegyptiæ capræ fœtus quinos parere feruntur: quod fœcundissimas Nili aquas bibant. Quam quidem pastores etiam lactis inopibus pecudibus, & infœcundis dare solent, Aelian. In Africæ quadam parte tonsiles capræ sunt: ex quarum villis nautæ rudentes conficiunt, Textor. Aegyptij affirmant capras suas, quoties cum Sole eodem planè loco Sirius oritur, in ortum omnes conuersas eò respicere, atque hoc syderis eius reuolutionum argumentum certissimum esse, Plutarch. in libro Vtra animalium. Lybici confidenter & fortiter asserunt suum caprinum pecus similiter eiusdem stellæ (id est caniculæ) exortum proscire, itemque pluuias præsentire. nam vt extra caprile processerunt concitato cursu ad pastionem accedunt, deinde pastum se ad stabulam conuertit, Aelianus. Caspiæ capræ & albissimæ sunt, & cornibus mutilæ, corpore paruæ & simæ. Aelianus. In Cilicia circaque Syrtes, villo tonsili vestiuntur, Plinius. In Cephalenia capræ non bibunt quotidie, vt alia animalia sed aduersum sibi ventum ore hiantes excipiunt, Aristot. in Mirabilibus. Capras Cephalenidas sex mensibus non bibere ferunt, Aelianus. Capræ sunt longissimis auribus circa Alexandriam Bellonius. Capras in Cimanti natas Alexander Myndius scribit sex menses non bibere, sed tantum in mare intueri, & ore hiante illinc auras excipere. Aelian, Illyricæ capræ vngulas quidem habent, sed non bifidas, Aelianus ex Alexandro Myndio. Apud Illyrios pecora aiunt bis anno parere, geminos pleraque. nonnulla etiam ternos aut quaternos hœdos: alia quinos vel plures: præterea lactis sesquicongium reddere, Aristot. in Mirabilib. Orthragoras in lib.

X 3 quos

獨角獸似乎有著一種獨特的魅力，使牠在各種神話、志怪、博物的創作中長久流傳，從古希臘至今，依然是人們很常見的想像寄託。在不同的時代，獨角獸有著不同形態，被賦予不同的含義，從一種可能真實存在的動物，演變為具有神奇能力的異獸。

獨角獸的英語unicorn，uni意為單獨，corn意為角，直譯為獨角。這個詞源自古法語unicorne，而法語則源自拉丁語unicornus，拉丁語出自古希臘語的μονόκερως，μόνος意為單獨，κέρας意為角，直譯也是獨角。

這種動物在古希臘作家克特西亞斯的著作《印度史》首次被提到，他將這種動物稱為印度野驢。牠和馬匹一樣大小，甚至比馬還要更大，身體是白色的，頭部是深紅

荷蘭獨角獸掛毯，年代大概是西元一四九五年至一五〇五年。

色，眼睛是藍色的。牠的前額長著一隻角，角的根部是白色，角的中部是黑色，角上部的末端是火一樣的紅色。使用這種角製成的杯子飲水、飲酒或者飲用其他任何液體，可以治癒抽搐、癲癇，甚至避免中毒或者解毒。克特西亞斯還說，世界上其他馴養或者野生的奇蹄動物，都沒有距骨或者膽囊，但是印度野驢兩者兼有。

牠的距骨是他見過的動物中最美的，就像牛距骨的色澤和形狀，就像鉛一樣重，硃砂一樣鮮豔。牠非常強壯，行動迅速，起跑時行動很緩慢，但是會越跑越快，馬或者其他任何一種動物都不能追上牠。只有趁印度野驢還幼小時才能活捉，但是印度野驢不會任由自己的小孩被騎士捉去，牠會用自己的角、牙齒、蹄子反擊，往往犧牲一群人和馬，花費大量的矛和箭才能殺死牠，但永遠不可能活捉成年的印度野驢。牠的肉很苦，人們捕獵牠主要是為了獲取牠的角和距骨。

埃里亞努斯在《論動物的特性》也提到這種動物，他和克特西亞斯的描述大同小異，也是將這種動物稱之為驢，經常生活在印度最荒涼的平原上。但是將牠的角的效用誇大了，稱沒有這種角不能治癒的疾病，除了治癒抽搐、癲癇，能夠解毒之外，人以前喝過的致命物質也會全部被嘔吐出來，使人恢復健康。

傳說到了費洛斯特拉圖斯這裡變得更加神奇，他說這種動物的角會被印度人製成杯子，使用這種杯子喝酒的一天之內，這個人都不會生病、不會受傷、不會中毒，能夠毫髮無傷地穿過火焰。

老普林尼在《自然史》說這種動物的頭長得像鹿，腿長得像大象，尾巴長得像野豬，身體其他部位則長得像馬，前額上長著三英呎的黑色長角，能發出深沉的吼聲。

到了中世紀，獨角獸往往被塑造為長著獨角的馬或者山羊，一般是渾身白色，極為狂暴，只能夠被處女安撫。所以在傳說中人們為了捕捉獨角獸，往往讓處女做誘餌，等到獨角獸將頭放在處女的膝間或者胸膛之後，處女會斬下牠解百毒、治療癲癇的角，獵人們再將獨角獸捕捉或者殺死。這種傳說在中世紀形成了一種獨特的藝術主題，叫作「獨角獸之獵」（The Hunt of the Unicorn）。

受到基督信仰的影響，獨角獸往往被視為耶穌的象徵，所以「獨角獸之獵」的主題總是會和「聖母領報」（Annunciation to Mary）的主題融合，誕生一種叫作「獨角獸的神祕之獵」（The Mystic Hunt of the Unicorn）的主題。其中的處女為聖母瑪利亞，天使加百列吹響號角，獨角獸被四隻分別叫作正義（Justitia）、憐憫（Misericordia）、和平（Pax）和真實（Veritas）的獵狗追捕，躲進了聖母瑪利亞的懷中，牠的角指向聖母的純潔。

到了十五世紀，獨角獸在紋章圖案中盛行起來。牠往往被表現為一匹馬，在前額長著細長、螺旋狀的獨角，尾巴看起來就像獅子的尾巴，有山羊般的鬍鬚以及蹄子，這一點和源自古希臘的傳說不同，因為傳說中獨角獸是奇蹄，而紋章中的羊蹄是偶蹄。其中最著名的獨角獸紋章可能是蘇格蘭皇家徽章，因為獨角獸寧願戰死也不願被俘虜的高傲，正貼合了蘇格蘭在對抗英格蘭時的心態。有些紋章上，獨角獸的脖子往往被拴著鎖鏈，這有著被馴服或受歷練的寓意；而有些紋章上的鎖鏈是斷掉的，表示已經掙脫束縛的意思。

因為獨角獸的傳說非常盛行，於是不斷有人偽造獨角獸的存在。除去山羊角、象牙、海象牙之外，用獨角鯨來偽造是最為常見的手段。在中世紀時，牠長出來的牙齒經常被誤認為是獨角獸的角，維京人捕獵牠們進行高價販賣，一根牙往往會賣到比牙重數倍的黃金。伊麗莎白一世的那根「獨角獸角」就是獨角鯨的牙齒，因為獨角鯨牙齒長而且螺旋交織，也影響了對獨角獸獸角的想像。

人們對獨角獸真實原型有著不同的猜測，有人認為是羚羊，也有人認為是鹿，還有人認為是犀牛。犀牛確實是眾多動物中最接近古希臘、古羅馬眾多博物誌中原始記載的一種，埃里亞努斯稱獨角獸為monoceros，也被稱為cartazonos。cartazonos這個詞很接近阿拉伯語中的karkadann，意思為犀牛。

Karkadann有很多種說法，也被叫作Karg、Karkaddan、Kardunn、Karkanda、Karkadān、Karkadan、Kazkazān、Kargadan、Karkand或Karakand。有人認為這些詞可能源自梵文खड्ग，意為劍或者犀牛。

卡爾卡丹是伊斯蘭教地區熟知的獨角獸，一般稱牠為最凶猛、最可怕的野獸，是種暴躁的動物。領地意識很強，除了環頸斑鳩，牠無法忍受其他動物距離自己一百帕勒桑（古波斯的距離單位）的範圍之內。

卡爾卡丹和大象是宿敵，當牠發現大象在附近出沒時，會用樹幹磨利自己的獨角，然後用尖利的角攻擊大象的腹部，殺死大象。但這也使牠無法拔出自己的角，大象的油脂會融化，順著角流進牠的眼睛造成失明，無法視物的牠只有躺在岸邊。這時巨鳥Rukh會出現，將卡爾卡丹和大象屍體一同帶走，帶回巢穴餵牠的幼鳥。

西元一二八〇年扎卡利亞・伊本・穆罕默德・卡茲維尼（Abu Yahya Zakariya' ibn Muhammad al-Qazwini）所著《創造的奇蹟》（*Ajā'ib al-makhlūqāt wa gharā'ib al-mawjūdāt*）中的卡爾卡丹。

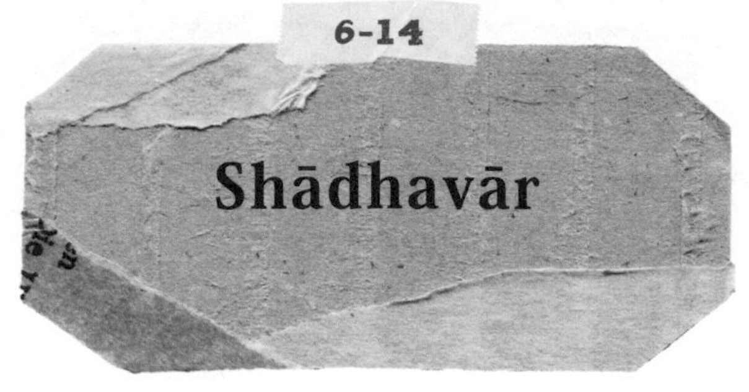

6-14 Shādhavār

Shādhavār，也被叫作āras等等，關於這種動物的記載，最早的文本可能是八世紀阿拉伯學者賈比爾・伊本・哈揚（Jabir ibn Hayyan）的記載，他將這種動物稱之為āras。據他記載，古希臘哲學家柏拉圖曾經捕獲過一隻āras，這隻āras的角被他的家族保存了下來，一直流傳到賈比爾・伊本・哈揚所在的時代。

波斯學者卡茲維尼（al-Qazwini）和埃及作家達米利（al-Damiri）的著作也記載這種動物，卡茲維尼稱之為Shādhavār，在他的《創造的奇蹟》中，這種動物主要分布在Rûm地區，Rûm是阿拉伯人對東羅馬的稱呼，也可以泛指整個歐洲。Shādhavār是一種類似瞪羚的動物，牠的頭上長有一隻獨角，這只獨角裡面是空心的，上面有

西元一二八〇年版扎卡利亞・伊本・穆罕默德・卡茲維尼所著的《創造的奇蹟》中的Shādhavār。

四十二個分支，這使牠成了一件樂器。當風吹過時，這只角會發出優美的樂聲，這時其他生物會聚集在Shādhavār身邊傾聽音樂。

這種特質也為Shādhavār召來殺身之禍。人們將牠捕殺之後，會將角獻給國王，為國王演奏音樂。這只角朝著某個方向轉動時，會發出快樂的樂聲，當朝著另一個方向轉動時，會發出悲傷的樂聲。

在達米利的記載中，Shādhavār角上的分支增加到七十二個，因為七十二這個數字在伊斯蘭教中有著特殊的意義。波斯歷史學家穆斯塔菲（Al-Mustawfi）的記載，Shādhavār和另一種食肉動物產生了混淆，這種動物叫作sīrānis，是類似於狼的生物，在牠的鼻子上有十二個孔洞，能夠發出樂聲以誘捕獵物。

古斯塔夫·福樓拜（Gustave Flaubert）在《聖安東尼的誘惑》（*La Tentation de Saint Antoine*）提到一種叫作sadhuzag的動物，這種動物長得像黑色的雄鹿，頭像是公牛的頭，在耳朵之間長有鹿角，上面有七十四個分支。當牠將角面對南風時，這些角能夠發出歡悅的樂聲，吸引來其他動物；當牠將角面對北風時，這些角就會發出可怕的尖叫聲。

Mi'raj是中東傳說的一種長角的兔子，也被寫作Miraj或者Mirag。這個詞的字面意思是階梯，常常被理解、引申為提升。在某種宗教中，這個詞常用於描述先知穆罕默德前往天堂並接受真主訓誡的事件，也就是所謂的登霄。

獨角兔往往被描述為長得像野兔，有一身黃色的皮毛，在前額長有獨角，其他所有的野生動物都會試圖遠離牠。在卡茲維尼的《創造的奇蹟》中，Jezirat al Tennyn島，就是龍島，在亞歷山大殺掉了一條危害當地居民和牲畜的巨龍之後，島上的居民將獨角兔獻給了亞歷山大作為謝禮。

西元一二八〇年扎卡利亞・伊本・穆罕默德・卡茲維尼所著《創造的奇蹟》中的Mi'raj。

在卡茲維尼的《創造的奇蹟》中記載了一種叫作sinād的動物，這種動物在土耳其版的《創造的奇蹟》被翻譯為sinād。

其中講到，這種動物的棲息地在印度，看起來非常像大象，但是體型略小，傳說牠的額頭或者鼻子上長有一隻角。牠另一個突出的特點就是舌頭，舌頭上布滿棘刺，能夠將動物的肉從骨頭上舔下來。這種特性在對抗自然界的敵人是有利的，但母獸會因為母性本能的驅使，下意識地舔犢，使幼崽被活活剝皮，也產生這種動物會吞食幼崽的傳說。為了保護自己，牠的幼崽在成長到足夠強壯之前，都會待在母體裡，不過會從母體內伸出頭來吃樹葉和草。

《創造的奇蹟》也流傳到印度，不同於中東的版本，

西元一二八〇年扎卡利亞・伊本・穆罕默德・卡茲維尼所著《創造的奇蹟》中的Sinād。

在印度版本裡，這種動物往往被繪製成牛或是猛獸狀的樣子。在《馬可波羅遊記》（*The Travels of Marco Polo*）也提到類似的生物，棲息地在巴思馬（Basma），巴思馬位於現在的蘇門答臘北部，在當時是當地的小王國。這種生物和歐洲想像的獨角獸完全不一樣，牠們的樣貌醜陋，生活在泥濘之中，前額上長有一隻角，最厲害的武器就是牠的舌頭。

Griffin，也叫作Griffon、Gryphon，它的名稱來源可能和希臘語中的γρυπός一詞有關，這個詞的意思是彎曲或者鉤住。考慮到獅鷲傳說的起源地區，這個詞語也可能是傳說在經過安納托利亞傳入之後，安納托利亞當地語言的借詞。

獅鷲往往被表現為兼具獅子和鷹的特徵，關於牠的形象，老普林尼在《自然史》提到牠長有可怕的、彎曲的鳥喙。聖依西多祿在《詞源》提到獅鷲既是羽族，又是四足動物，牠的身體像獅子一樣，長有鷹一樣的翅膀和臉部。牠和馬是宿敵，還會攻擊任何進入視線範圍內的人類。雖然傳說獅鷲和馬是宿敵，但從古希臘起，就出現兼具獅鷲和馬特徵的形象，義大利中世紀詩人阿里奧斯托

拜占庭詩人曼紐爾·菲爾斯（Manuel Philes）所寫長詩《動物之特徵》（*De animalium proprietate*）一五六四年版手抄本中的獅鷲形象。

（Ludovico Ariosto）在《瘋狂奧蘭多》（*Orlando Furioso*）將這種形象命名為駿鷹。人們進一步解釋，駿鷹是獅鷲和馬結合之後的產物，牠的頭部、爪子和翅膀繼承自獅鷲。

巴特洛邁烏斯・安戈里克斯的《萬物屬性》提到，獅鷲是一種可以飛行的生物，長有四足，牠的頭部和翅膀長得像鷹，身體的其他部位長得像獅子。棲息在終北的希伯波里安山中，對人類和馬匹是最具威脅的敵人，使他們惶恐不安。牠會在自己巢穴中放上一塊祖母綠來驅散山中的毒物，不讓它們靠近自己的巢穴。在這裡可以看出獅鷲具有收集、囤積寶石的特性。

說到獅鷲囤積寶石，最早的文本記載可能還是希羅多德的《歷史》。書中提到斯基泰北部的里菲山下生活著一群外形特異的部族，他在額頭中間長著一隻獨眼，會從獅鷲那裡盜取黃金，並且和獅鷲戰鬥。獅鷲喜歡黃金、財寶的傳說，可能是由於斯基泰人常用黃金製作帶有獅鷲形象的器具，希臘人對此產生了誤解，同時也由於希臘人對斯基泰人的偏見，將他們編造為盜取黃金的人。

費洛斯特拉圖斯在《提亞納的阿波羅尼奧斯》提到獅鷲是如何獲得黃金的。他說這種動物的喙非常堅硬，所以可以開採金礦。還說這種動物分布在印度，雖然牠比龍和象都要強大，但是飛行能力有限，只能有短期滑翔。牠的腳掌上長有紅色的膜，可以透過轉動自己的腳，在半空中飛起或者打鬥。

《馬可波羅遊記》中說到馬達加斯加時也提到獅鷲。在某些南方小島，船隻是無法前往的，有洋流阻止它們回航，那裡被發現有獅鷲出沒。牠們會在某些季節出現，長得就像一隻老鷹，但是有著巨大的身體。牠的翅膀展開有三十步長，身上的羽毛能夠長達十二步。牠的力氣很大，能夠直接抓起一頭大象，飛到半空中扔下來，將大象摔得粉碎。

島嶼上的住民將牠稱為Ruc，Ruc也就是Rukh、Roc，是阿拉伯傳說中的一種巨鳥，並不具有獅子的形象。會將牠翻譯為大鵬，也許獅鷲和阿拉伯大鵬確實存在某種演變和聯繫。牠們傳說誕生的地區相近，不僅是這種傳說生物，像是猶太神話的巨鳥棲枝（ziz），蘇美神話的安祖鳥，希臘神話的菲尼克斯，亞述神話的拉瑪蘇，伊朗神話的席穆夫（Simurgh），乃至於印度神話的迦樓羅（Garuda），可能都存在某種程度的淵源。

在《曼德維爾爵士遊記》提到，獅鷲的身體非常強壯，超過八頭獅子、一百頭老鷹，牠的爪子足夠的長和大，看起來就像牛角，可以用來做成杯子。奧勞斯・馬格努斯也提到獅鷲，說牠們棲息在極北的山中，捕食馬匹和人類，牠的指甲可以製成用來飲酒的角杯，長度和鴕鳥蛋一樣。而且當時人們認為獅鷲的腳爪具有神奇的藥用效能，用腳爪製成的杯子在歐洲宮廷非常受歡迎，但這些杯子實際上是由羚羊角製成的。獅鷲的羽毛和蛋也被認為具有神奇的療效，傳說羽毛可以用來恢復人的視力，而牠的蛋也常常被用來製成酒杯，實際上這種酒杯是用鴕鳥蛋偽造的。

在中世紀傳說中，獅鷲一生只有一位伴侶，當伴侶死亡後，獅鷲將不會再尋找新的伴侶，直到死亡，於是被教會作為反對再婚的標誌。又因為牠兼具飛行動物和陸地動物的特徵，又被教會視為耶穌的象徵，因為牠既是人又是神聖的。

在紋章學中，獅鷲兼具獅子和鷹的特徵，意味著魄力和勇氣的結合，被用來象徵強大的軍事力量，優秀的領導能力，圖像上往往是鷹的頭，耳朵處有時被描繪為獅子的耳朵，有時是尖聳的羽毛，或者是角，胸前長有豐滿的羽毛，前肢是鷹的爪子，身體剩下的部分表現為獅子的特徵。還有獅鷲被描繪成沒有翅膀，在十五世紀後，這種形式紋章被稱為alce或keythong。在英國的紋章中，雄性獅鷲也被描繪為沒有翅膀，身上長滿成團而尖銳的羽刺，頭上長有獨角，而雌性獅鷲長有翅膀的情況更加常見。

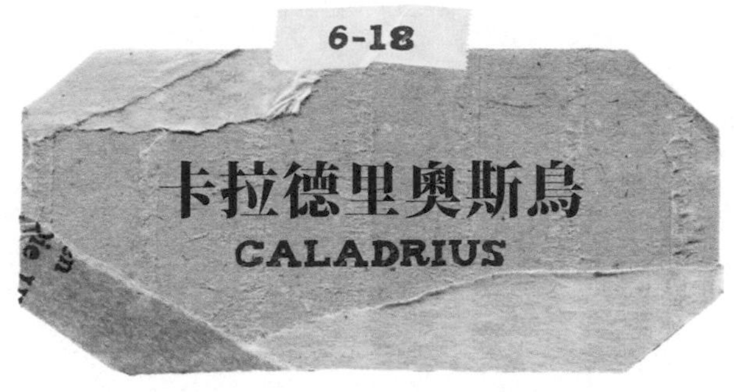

在羅馬神話中，卡拉德里奧斯鳥是一種渾身羽毛都是雪白的鳥，沒有一點黑色的斑點，也被叫作Icterus、Dhalion、Kaladriy、Kalander、Grange、Haradra。在不同的文獻中對牠的描寫各有不同，有時牠像是一隻白鸚鵡，或者一隻啄木鳥、鴿子、蒼鷺，甚至一隻海鷗，也有學者考證牠的原型可以是某種珩科鳥。

卡拉德里奧斯鳥被認為是一種對人的疾病具有不可思議治癒能力的鳥類。在早期，人們主要認為牠能夠治癒人的黃疸病，從病人的眼睛裡將黃疸病吸引進自己的體內，但會對自己的身體造成損害，所以牠遇到黃疸病人會閉著眼睛轉身走開。在西元三世紀成書的《論動物的特性》也提到卡拉德里奧斯鳥對黃疸病神奇的治癒能力，不過是透

英國《動物寓言集》中的卡拉德里奧斯鳥，書籍的年代大概是西元一二二五至一二五〇年期間。

過人和鳥之間相互凝視，並沒有提到疾病對鳥身體的影響。詩人菲利普・德・索翁（Philippe de Thaon）在《動物故事寓言集》（*Bestiaire*）中，說這種鳥長得像海鷗，而且渾身雪白。《申命記》（*Deuteronomy*）提到牠非常珍貴，不能作為食物，往往出現在國王的宮廷中，如果盲人將牠的骨髓塗抹在自己的眼睛上，那麼他的失明就能夠得到治癒。十二世紀的修士霍諾留・奧頓（Honorius d'Autun）記載，卡拉德里奧斯鳥會從病人張開的嘴中喝下疾病，一直向上飛，直到靠近太陽，太陽的光熱使疾病透過汗液從牠身上排出。十三世紀的《羅切斯特動物寓言集》（*The Rochester Bestiary*）記載，卡拉德里奧斯鳥是一種周身白色的天鵝，有著長長的脖子，牠的糞便能夠治療失明，往往在王國的庭院中出現。當一個人生病，可以透過卡拉德里奧斯鳥來進行診斷他是否會死亡：如果他注定死亡，卡拉德里奧斯鳥會側過頭不看他；如果他命不該絕，牠會面對他並將疾病全部帶走，朝著太陽飛去，讓太陽的光熱燃盡疾病，使牠得到救治。

因為傳說的逐漸演變，卡拉德里奧斯鳥也被基督教當作基督的象徵。牠全身潔白，象徵著基督的聖潔，帶走人的疾病就像基督背負人的原罪，使人得到了救贖。對於不願悔改的罪人，牠則轉過臉去，這種特性則被用來批判猶太人，因為猶太人不信基督，所以卡拉德里奧斯鳥不會帶走他們的疾病，就像他們的罪不會被基督救贖。

老普林尼的《自然史》提到了鵜鶘，他說鵜鶘是一種不知足的動物，在牠的喉嚨裡長著第二個胃，在裡面存放著食物。當這個胃裝滿了之後，牠們會從中將食物取出，送到真正的胃裡。

對鵜鶘的貪吃，《阿伯丁動物寓言》有不同的說法。其中說到，隱修士的生活其實是模仿自鵜鶘，他們依靠麵包生存，但不會刻意尋求填飽肚子；他們不是為了吃而活，而是為了活而吃。

聖依西多祿的《詞源》中說，鵜鶘產自埃及，棲息在尼羅河的幽靜處。牠會殺死自己的幼崽，然後在接下來的三天裡哀悼，之後牠會啄傷自己，用自己的血液來將幼崽復活。

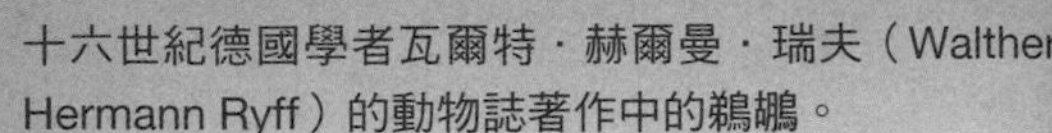

十六世紀德國學者瓦爾特・赫爾曼・瑞夫（Walther Hermann Ryff）的動物誌著作中的鵜鶘。

Von den Vöglen.

Oryolus sindt Vögel/welche nach dem thon jres geschreis/welches also lauttet/mit solchem namen genant sind/wie Plinius schreibt/schön gold farb/allein dz sie an flüglen mit gelber farb vermengt oder gesprengt. Diese vögel sindt der art vnd geschlecht der Spechten. Diser vogel pflegt jm von wollen vnd haren ein solchs künstlichs nest zumachen vnd zubereidten/das sich einem rechtē gutten schatz vergleicht/solchs nest besftet er an/an dünne nestlin oder zweiglin/das er frei inn der lufft schwebe.

Von dem Buchstaben P.

Der Vogel Pellicanus.

Pellicanus soll ein Vogel sein/der inn Egypten landt sich erhalte/bei dem fluß Nilio/am gestadten/vnd sollen dieser Vögel oder Pelicanen zweierlei art vnd geschlecht sein/das ein so im wasser sich erhaltet von fischen/vnnd das ander das sich inn der wildenuß/von gifftigem gewürm vnd vngezyfer ernehret vnd speiset. Diser Vogel soll sonderlichen begierlich sein der milch des Crocodillen/welche von jhm schiesset auff den gelben letten/darumb dieser Vogel dem Crocodillen allezeit volgen soll/man schreibt auch weitter/das dieser Vogel seine jungen/wenn sie jhme verheßlich odder verdrüßlich sindt ertödten soll/wenn jn aber solchs gerewet/vnd er jrer manglet/soll er sich selber an der brust verwunden/vnnd mitt seinem eignen blut wider erquicken vnd lebendig machen. Solcher massen soll er sie auch widerumb auffbringen/wenn sie von Schlangen gebissen werden/aber von solcher vergiessung des bluts/soll er also hefftig geschwecht vnnd krafftloß werden/das er im nest bleib/vnd die jungen hungers halben außgetrieben werden/sich sampt der mutter zu speisen vnd ernehren. So denn etliche vnder jhnen/welche der mutter wenig achten/vnd kein speiß zubringen/die verstosset sie hernach vonn sich/wenn sie widerumb zu krefften kompt/die anderen füret sie mit sich auß zu der speiß/aber solches halter man meher für ein Fabel/denn für ein gewiß vnnd warhafftige Histori. Denn solches niemand jhe gesehen oder erfaren hat.

Porficium soll ein wunderbarlicher seltzamer Vogel sein/soll einen breitten genß fuß haben/darmit er auff dem wasser möge schwimmen/aber der ander fuß sei jhme inn den kloen zerspalten/wie den anderen Vöglein/so auff der Erden hupffen/vnnder allen Vöglen/soll dieser Vogel auch inn sonderheit die art haben/das er mitt einem fuß wasser fasse/vnnd dasselbig darauß drincke/sollichen fuß braucht er auch darmit die speiß einzuschieben/als mitt einer handt/vnnd soll zu jedem mundt voll ein mal trincken/sunst mag er die speiß nicht wol verdewen/von der blödigkeit wegen dieses Appetits. Die besten dieser Vogel/so fürnemlichen erwölet werden/sollen auch haben einen grossen schnabel/vnnd auch starcke

詩人紀堯姆·勒克萊爾的《神聖動物寓言》提到，鵜鶘牠棲息在尼羅河一帶。一些歷史文獻中記載，存在兩種鵜鶘，一種棲息在河中，只吃魚；另一種棲息在沙漠，只吃昆蟲和蠕蟲。鵜鶘對自己幼崽的關愛比母羊對羔羊的關愛更甚，當幼崽出生之後，鵜鶘會身心都投入到對幼崽的照料中，但幼崽並不會因此感恩；當幼崽羽翼漸豐時，牠們會用喙攻擊父親的臉。鵜鶘父親被這種忘恩負義的行為激怒，把這些忘恩負義的傢伙全部殺死，並離開屍體。三天之後，鵜鶘父親懷著沉痛和憐憫的心情回到屍體身邊，用喙啄自己的身體，直到血液流出。透過血液，這些後代得以復活。

巴特洛邁烏斯·安戈里克斯的《萬物屬性》記載，鵜鶘是一種分布在埃及的鳥，牠們棲息在尼羅河的沙漠。牠們吃東西時，會將腳浸入水中，然後用腳將食物塞進嘴裡，就像在用手一樣。世上只有兩種鳥類能夠這樣靈活地使用自己腳，一種是鵜鶘，另一種是鸚鵡。鵜鶘非常關愛自己的孩子，這使牠的孩子們變得傲慢，並且會啄父母的臉。鵜鶘母親不得不殺死孩子們，在第三天，鵜鶘母親會啄開自己的身體，放出熱血，將血釋放到死去孩子的屍體上，憑藉母親的血，這些小鵜鶘重生。

巴特洛邁烏斯·安戈里克斯又引用神學家雅克·德·維特里（Jacobus de Vitriaco）書中有關東方奇蹟的說法，蛇非常喜歡捕獵鵜鶘，牠會趁母鳥外出覓食時進入巢穴，將幼鳥全部殺死，母鳥回到巢穴中發現幼鳥死亡會悲傷三天，之後牠會啄開自己的胸膛，讓血滴落到幼鳥屍體上，將幼鳥從死亡那裡奪回來。失血的母鳥變得虛弱，幼鳥不得不自己外出覓食，其中一些會將食物帶回來，餵養母鳥，另一些則不會。這一切都被母鳥牢記在心，當牠恢復體力之後，將那些餵養牠的留在身邊，其餘的通通趕走。

因為這種用自己血來復活後代的傳說，鵜鶘在紋章學中被認為是象徵著自我犧牲和奉獻的慈愛精神。基督教的觀念也會將鵜鶘比作耶穌基督，牠受到後代的攻擊，就像耶穌受到罪人的陷害，牠啄開自己的胸膛就像耶穌被釘上十字架受難，他流出鮮血使信者得到拯救。

藤壺鵝的傳說大概起源於十一世紀，直到十七世紀還有流傳。威爾斯歷史作家傑拉德（Gerald of Wales）在西元一一八七年的著作，描述了這種奇妙的生物，他說有一種叫作Bernacæ的鳥類，牠們出生的方式在自然造就下顯得非常與眾不同。牠們長得就像沼澤鵝，但是體型更小，像藤壺一樣附著在漂浮於海上的浮木上，一般是杉木。牠們全身被堅硬的貝殼包圍，頭像海草一樣懸垂著，從浮木和海洋中獲取養分。隨著時間的推移，牠們開始長出羽毛，並從浮木上脫落下來，有些在水面上游動，有些振翅高飛而去。

藤壺鵝的卵不像其他鳥類那樣是由交配受精產下，牠們更像是從浮木上生長出來，也不需要像其他鳥類那樣孵

約翰·阿什頓（John Ashton）在西元一八九〇年所著的《奇怪動物百科》中的藤壺鵝畫像。

卵，這可能是最早對藤壺鵝的記載。與後世不同，這裡生成藤壺鵝的是海中的浮木，而後世對藤壺鵝的描繪，常常將圖像繪製成藤壺鵝是從海邊的樹生長而成的，就像韃靼植物羊。

也確實可能是韃靼植物羊的傳說對藤壺鵝的傳說產生了影響，在《曼德維爾爵士遊記》就記載了這種變化。其中講到在愛爾蘭海的岸上生長著一種樹，它的果實就像葫蘆，果實會在合適時期內落入水中，成長為藤壺鵝。瑞典神學家奧勞斯・馬格努斯在自己的《海圖》也繪製了這種生物，並且補充說明，果實掉入水中不久之後就會長出翅膀，飛入馴養或者野生的鵝群中。

文藝復興時期，德國數學家塞巴斯丁・繆斯特（Sebastian Münster）認為這種鳥叫作樹鵝，生長在蘇格蘭以北的波莫納島上。接下來的是文藝復興時期英國的歷史學家威廉・卡姆登（William Camden）的發言，他直接否定了藤壺鵝生長在浮木或者樹上的傳聞，認為那是因為人們找不到這種鳥的巢穴和蛋而編造的傳說。中世紀時期，人們注意到從北極遷徙到英倫三島的藤壺鵝會聚集在浮木上，看起來就像是從浮木中生長出來的一樣。

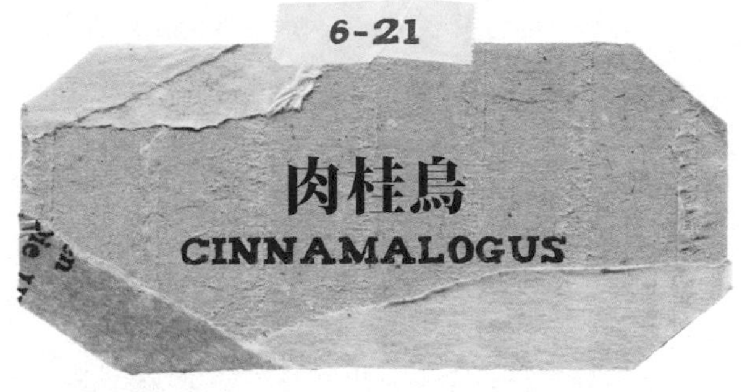

關於肉桂鳥的描述最早見於希羅多德的《歷史》，其中他提到了人們根本不知道肉桂究竟生長在什麼地方，於什麼地方製作。有些人認為肉桂生長在養育出酒神巴克斯（Bacchus）的國度，只知道一種巨大的鳥將樹枝從空中帶來築巢，這種枝條的名稱為肉桂（cinnamon），是從腓尼基人傳到希臘的。這些肉桂巢被大鳥用泥築在高高的岩石上，沒有人能夠爬上去。為了採集肉桂，人們用一切能夠找到的動物屍體，切成大塊，放到大鳥棲息的岩石附近，然後自己躲藏在暗處，等待這些鳥自動飛下來，將肉塊抓回巢穴。巢穴往往不能承載肉塊的重量，會散落下來，這時躲在暗處的人會趁機收集肉桂枝，販賣到其他國家。

亞里斯多德在《動物志》（*History of Animals*）也提到

英國《動物寓言集》中的肉桂鳥形象。作者不詳，成書年代大概是西元一二二五年至一二五〇年。

了這種鳥，他說肉桂鳥不知道從什麼地方將肉桂枝帶到了高大樹木頂端的細枝上築巢，這種鳥棲息地附近的居民會在箭頭上附上重物射向鳥巢。箭頭的重量會讓鳥巢傾覆，這樣他們就可以來收集肉桂枝了。

老普林尼的《自然史》中也提到這種鳥，他說在阿拉伯半島上有一種叫做cinnamolgus的鳥，這種鳥用肉桂枝築巢，人們用鉛頭箭將它從巢中射下來，然後用它們貿易。同時，他很懷疑這則傳說的真實性，他認為將這種鳥命名為肉桂是一種錯誤，並且，這則傳說很可能是當地人為了隱瞞肉桂產地，提高肉桂市價而編撰的。

聖依西多祿的《詞源》中講到，肉桂鳥得名於牠們用肉桂枝築巢的習性，牠們的巢都築在高且細弱的樹枝上，人無法爬上去摘取這些巢。由於利益的驅使，商人比其他任何人都希望得到肉桂，並且比其他任何人都願意付出高額的報酬，於是就有人想出辦法，使用鉛箭將這些巢射落下來。

肉桂的原產地在中國，隨著絲綢之路的開通，流傳到了波斯、兩河流域，遠到歐洲等地區。在很長一段時間裡，和其他香料一樣，它在歐洲的售價都非常高昂。肉桂鳥的傳說確實如老普林尼所言，是中東商人為了壟斷肉桂、抬高價格而刻意炮製出來的。

6-22
韃靼植物羊
VEGETABLE LAMB
OF TARTARY

韃靼植物羊也叫斯基泰羔羊、Borometz。Borometz是歐洲人認為韃靼語中表示羔羊的詞語。牠是一種流傳在歐亞大陸民間的傳說。

在早期，牠被認為是一種水果，裡面會長出羊肉，譬如在十四世紀的《曼德維爾爵士遊記》中記載，在韃靼有一種奇怪的水果，長得就像葫蘆一樣。當水果成熟之後，人們會將它採摘下來，果實裡面有新鮮的羊肉，這則傳說並沒有提到後來廣泛流傳的羊毛。

十六世紀范·赫伯施泰恩（Sigismund, Baron von Herberstein）也記載相關事物，他是哈布斯堡王朝皇帝馬克西米利安一世（Maximilian I）和查理五世（Charles V）駐俄羅斯的大使。他蒐集多方資料，並認為植物羊的產地

十四世紀《曼德維爾爵士遊記》中的韃靼植物羊形象。

靠近裏海，在烏拉爾和窩瓦河之間，看種子可能屬於瓜類，能夠長到兩個半英呎高。大多數時候，牠的形狀長得和羔羊類似，也有少數例外。據說牠能夠流血，但長出的並不是真正的肉，人們認為牠更接近於沙果。牠的蹄子和普通羊類不一樣，裡面沒有骨幹，而是由毛髮長出類似的形狀。包括狼在內，是很多動物最愛的食物。

十七世紀初期植物學家克勞德・杜勒特（Claude Duret）在他《植物志》（*Histoire Admirable des Plantes*）提到，自己在很久以前讀過《耶路撒冷塔木德》，其中記載一位名叫摩西的中國人，認定世界上有一個特定的國家有這種兼具動物和植物特性的生物，牠被稱為Yeduah。和普通植物一樣，牠從地裡發芽，長出根莖，羔羊從莖上長出，肚臍固定在莖上，能夠吃光牠周圍所有的植物。獵人無法用一般的手段捕獲牠，只有用箭頭或者飛鏢瞄準牠和莖的連接處，將牠從上面射下來。植物羊離開莖之後會匍匐在地而死，人們會將牠的骨頭用作占卜。人們在典籍中找到了類似的記載，不過其中記錄的不是羊，而是人，據說這是十三世紀叫作西緬的猶太拉比所寫。《耶路撒冷塔木德》提到一種在山中的人形生物，牠依靠自己的臍帶為生，如果臍帶被切斷，就會死亡。這個拉比西緬又是聽說自拉比梅爾，拉比梅爾說這種生物叫作Jeduah，牠就像葫蘆或者瓜類一樣，從地下生長出來，和人很像，長有臉部、軀幹和四肢。牠的肚臍由莖連接到根，沒有任何生物能夠在牠的活動範圍內接近牠，因為一踏入牠的活動範圍會被抓住並被殺掉。想要殺掉牠們只有將牠們的莖扯斷。

十八世紀初期，作家馬斯・托比亞（Maase Tobia）聲稱有人在大韃靼地區找到了植物羊。他說大韃靼地區桑布拉拉省的非洲人透過植物羊種子使自己富有，這種種子就像葫蘆種子一樣，但是略小，種植盛開後會長出羔羊一樣的動物。牠有像是羊的四肢，皮膚柔軟，毛適合用於製作服裝，頭上沒有長角，但纏繞的毛髮看起來像角；牠的肉吃起來像魚肉，血的味道甜得像蜜。牠透過食用身體周圍的植物存活，如果植物枯萎，牠也會死去。

十九世紀荷蘭籍中國語言和文學教授施古德（Gustav Schlegel）認為，韃靼植物羊的傳說可能源自中國，牠在中國的文本原型叫作水羊。和韃靼植物羊的傳說類似，水羊兼具植物和動物的特性。牠的產地在波斯，羔羊生長在植物的莖上，生來沒有角，應該生長角的部位長出兩卷白色絨毛，如果莖被切斷牠就會死亡。人們會專門養殖這種生物，在牠們生長的地方建立農場，以吼聲、擊鼓來驅趕侵害水羊的入侵者。人們用牠的毛製作精美的服飾。

同樣在十九世紀，英國自然主義者亨利・李（Henry Lee）在《植物羊：棉樹的神奇寓言》（*The Vegetable Lamb of Tartary*）一書中，詳細記錄當時歐洲對這種生物的傳說，其中提到有些作者認為韃靼植物羊是一種植物的果實，是由瓜類的種子發芽而成。有些作者認為植物羊是活著的動物，但如果離開植物，就會死亡。傳說植物羊和普通羊類一樣，長有血、肉、骨，莖就是牠的「臍帶」，牠透過莖從大地吸取養分，也是莖將牠支撐在地面上。莖可以彎曲，這樣可以使羔羊以周圍的植物為食，一旦周圍的植物被吃光，羔羊也會死去。這時就可以採摘下來，將牠吃掉，牠的血液像蜂蜜一樣甜，人們用牠的毛來製作衣物。除了人類也有狼會以牠為食。

人們也不是只記錄道聽塗說、沒有試圖去尋找研究這種傳說中的生物。十七世紀，德國植物學者恩格柏特・坎普法（Engelbert Kaempfer）曾經隨著大使館人員來到波斯試圖尋找植物羊，透過和當地居民交談，他認為植物羊只是誤傳。當地人為了獲取上等的柔軟絨毛，會將羊胎從母羊子宮中取出，他認為羊胎毛可能被誤認為是植物纖維，當地人的這種習慣可能造成了植物羊的傳說。

十八世紀英國著名醫生和植物學家漢斯・蘇隆爵士（Sir Hans Sloane）認為這種傳說生物的原型可能是蕨類植物。現代有人指出這種蕨類植物可能是金毛狗，它露出地面的部分長有金色的絨毛，看起來像絲綢一樣閃亮，在中國被視為狗頭狀，所以稱之為金毛狗，或者金毛狗脊。人們砍去它的葉子，留下四肢狀的葉柄，然後讓長有金毛的塊莖向上充當身體，看起來確實類似於羔羊。

曼陀羅在西方往往被視為一種具有神奇功效植物的根，歷史中的原型為地中海地區曼陀羅屬植物，在流傳過程中混入了不同地區的其他植物，中世紀提到曼陀羅時往往是個模糊概念。不過它有一個明確的特徵：根部為人形，並且有強烈的迷幻和催眠作用，所以在整個歷史的演變，它和巫術密不可分。

老普林尼認為曼陀羅分為雌雄兩性，雄性曼陀羅為白色，雌性曼陀羅為黑色，兩種曼陀羅的葉子都比萵苣的葉子窄，其中雄性曼陀羅的葉子比雌性曼陀羅的葉子更窄。它們的莖上多絨毛，可以有一對或者三條根，這些根表面看起來是黑色的，裡面是白色，肉質柔軟，長度接近一個手肘長。

西元一三九〇年版《健康全書》（*Tacuinum sanitatis in Medicina*）中的曼陀羅草形象。

古羅馬的藥理學家迪奧斯科里德斯（Pedanius Dioscorides）在他的《藥物論》（*De Materia medica*）中記載，曼陀羅的根可以用來製作催情藥，它有雌雄兩性，雌性為黑色，被叫作thridacias，有著比萵苣葉更纖長的葉子。它有濃烈的氣味，標誌著它有毒，果實是蒼白色的，有甜味，形狀像梨。它有兩三條根，內裡是白色，外部是厚厚的黑色表皮，根部沒有莖稈。雄性曼陀羅是白色的，被稱為norion，它的葉子更大，更寬，像甜菜的葉面一樣光滑，果實是雌性曼陀羅的兩倍大，是藏紅花色，有香甜的味道。根和雌性的類似，但是更大，也更蒼白。

人們將根部的表皮和果實在新鮮時榨汁，貯存在陶罐中，不過這樣會使曼陀羅的藥效衰減，所以也有人會將曼陀羅根的表皮剝下，串起來，掛在貯藏室中；還有人會用葡萄酒熬煮曼陀羅根，直到三份煮成一份，然後用陶罐貯存起來。曼陀羅藥劑主要用於治療失眠，或者重傷需要麻醉的人。在蜂蜜水中加入二十顆曼陀羅藥劑可以讓人排出痰和黑膽汁。直接服用五顆曼陀羅藥劑可以幫助排出月經，或者墮胎。只要將它的根和象牙一起煮上五個小時，象牙就會被軟化，變得可以隨意塑形。

到了中世紀，曼陀羅的傳說更加奇異。曼陀羅在德國被稱為小絞刑人，這是因為中世紀的人們認為，它是由絞刑架上的人的汗水、尿液、糞便或者精液滴在地上孕育而出的。傳說曼陀羅在夜晚會發出光芒，當不潔的人靠近它時，它會逃跑，所以一旦發現它，就要迅速用鐵器圍成一圈，插進地面，但不能讓鐵器碰到它。曼陀羅被拔出地面時會發出尖叫，這種尖叫能使聽到的生物死亡，所以人們往往會用狗來採集曼陀羅：先將狗餓上三天，然後把狗拴在曼陀羅上，自己堵上耳朵，在遠離狗的地方放上肉或者麵包，利用狗饑餓求食的衝動，將曼陀羅從地下拔出，狗在曼陀羅的尖叫聲中死去。

根據傳說，佩里德西翁樹生長在印度，是一種常綠植物，整年都能夠開花和結果。它的果實甜美爽口，是鴿子的最愛。為了吃到這種果實，鴿子會直接棲息在樹上。這樣就引來了鴿子的捕食者——龍，不過龍懼怕這種樹的樹蔭，當樹蔭朝向西邊時，龍就會轉向樹的東邊；當樹蔭朝向東邊時，龍就會轉向樹的西邊。留在樹蔭中的鴿子是安全的，一旦鴿子嘗試離開，失去了樹蔭的庇護，就會被龍捕捉並吃掉。

這則寓言的文本最早可以追溯到西元二世紀用希臘文編纂的《博物學者》（*Physiologus*）。《博物學者》的作者不詳，往往以動物、植物的特質作為象徵，宣揚基督信仰體系下的道德準則，是之後諸多「動物寓言集」版本的先

牛津《動物寓言集》中的佩里德西翁樹，書籍年代約為西元一二二〇年。

軀，寓言集的內容都可以追溯到這部書。書中將鴿子比作虔誠的基督徒，耶穌比作樹的右半部分，聖靈比作樹的左半部分，龍比作魔鬼。龍會懼怕樹蔭是因為惡魔會懼怕聖子和聖靈，只要基督徒留在聖子和聖靈的庇護之下，也就是留在教會，魔鬼便不敢接近；但是一旦基督徒離開教會的庇護，惡魔就會找上門來。

這則寓言到十二世紀的《阿伯丁動物寓言》產生了一些變化，其中將樹比作上帝，樹蔭比作聖子，果實比作上帝的智慧，也就是聖靈。

有人認為這則寓言源自《馬太福音》第十三章三十一節和三十二節中所講的芥菜種，文中說天國好像一粒芥菜種，有人拿去種在田裡，原是百種裡最小的種子；等到長起來，卻比各樣的菜都大，且成了樹，天上的飛鳥飛來休息在它的枝上。《馬可福音》第四章三十節到三十二節中也提到了這種比喻，神的國……好像一粒芥菜種，種在地裡的時候，雖比地上的百種都小，但種上以後，就長起來，比各樣的菜都大，又長出大枝來；甚至天上的飛鳥，可以宿在它的蔭下。不過人們在解經時往往將天上的飛鳥理解為撒旦，樹蔭理解為教會，意指教會過度發展，就會將惡魔引入其中。

也有人認為這則寓言源自老普林尼和迪奧斯科里德斯，他們都提到了一種叫作ash-tree的樹，它對蛇有一種非常神奇的影響，蛇非常懼怕這種樹，碰到這種樹會迅速逃開，甚至會嚇得飛起來。如果一定要在這種樹的樹蔭下爬行或在火焰中爬行之間選擇，蛇會毫不猶豫地選擇後者。將這種樹的樹葉和酒混合能製成功效強大的解毒劑。

佩里德西翁樹往往被中世紀的畫師繪製成枝葉彎曲交織但對稱的圖案，因為Peridéxion一詞可能源自古希臘語，這個詞的大概意思可能是從兩個不同方向圍成圓這種完美的圖案，和中世紀時期的生命之樹圖案非常接近。加上樹上的果實、樹附近的龍，有人認為這種圖案也是生命之樹圖案的變體之一。

雙足飛龍是歐洲常見的一種傳說生物，出現在紋章上、節日慶典的怪獸裝扮、店鋪的招牌中等等。作為一種怪獸形象，牠在歐洲民間滲透很深，一般認為牠有著龍的頭，一對翅膀，兩條腿，蜥蜴之類爬蟲一般的身體，尾巴尖端是菱形的，更常見的是帶倒刺的箭頭狀。想像中的海生雙足飛龍，尾巴的尖端是尾鰭狀的。

將Wyvern定義為雙足飛龍主要源自英倫三島地區，Wyvern一詞源自古英語wyver，wyver又源自古法語wivre，最終追溯到拉丁語viper，意為毒蛇，牠在中世紀動物寓言集中的形象就是雙足雙翼，Wyvern的形象可能就是承襲自viper。因為是源自英倫三島，往往只有這個地區才會對雙足飛龍和四足龍進行嚴格的區分；加上歐洲自

烏利塞·阿爾德羅萬迪《怪物志》中的雙足飛龍形象。

古以來龍蛇不分，所以在歐洲其他地區，人們往往統稱之為龍。

雙足飛龍在歐洲的紋章、標誌上非常常見，藥劑師將牠作為疾病的象徵，被醫學的守護神阿波羅戰勝，這是化用了阿波羅戰勝德爾菲的巨龍皮同的神話。曾經一統英格蘭的威塞克斯王國（Wessex）也使用過雙足飛龍作為旗幟的符號。

塔拉斯克之龍 TARASQUE

塔拉斯克之龍是法國南部普羅旺斯地區流傳的怪物傳說，有不同的版本，其中影響最深、並且流傳至今的是被瑪爾大降服的故事。

《黃金傳說》中記載，瑪爾大在耶穌受難之後離開了猶太地，和她的妹妹瑪麗、她的兄弟拉撒路一起來到法國的普羅旺斯，聽聞奈魯克（Nerluc）的居民受到怪物的侵擾，於是立志降服這頭怪物。

這隻怪物叫作塔拉斯克，傳說中牠來自小亞細亞中部的加拉太，是利維坦和博納肯交合之後產下的後代。牠長著獅子一樣的頭顱，有六條腿，每條腿都像熊腿一樣粗壯；牠的身體壯得像牛，背上覆蓋著堅硬的龜甲，尾巴上長滿鱗甲，尾尖上有蠍子一般的螯刺。另外的文本認為，

西元一七四四年五月七日馬德里舉行的花車遊行，匿名畫家用蛋彩畫將塔拉斯克之龍的遊行場景記錄了下來。

這頭怪物棲息在亞爾（Arles）和亞維農（Avignon）之間的一處沼澤中，身體一半是獸類、一半是魚，身寬超過公牛，身長超過公馬，牙齒比劍刃還鋒利、比犄角還要大。牠平日潛在水中，將路過的人和船拖入水中捕獵。

奈魯克的國王曾經派遣騎士和弩砲對塔拉斯克進行征討，但是無功而返。瑪爾大則沒有使用武力，她來到沼澤中，手裡拿著十字架，把聖水灑在怪物身上，用讚美詩和祈禱來感召牠，使牠馴服，之後用自己的腰帶繫在怪物脖子上，領著牠來到城裡。怪獸在城鎮中引起了騷亂，長久的恐慌和怨懟讓人民見到牠之後就失去理性，一齊將牠殺死了，但怪物在遇到人們襲擊時並沒有反抗。由此瑪爾大向人們布道，歸信基督，人們也將城鎮的名字改為Tarascon。

類似於塔拉斯克之龍的傳說在法國、西班牙廣泛存在，這種怪物形象在西班牙被稱為cuca fera，在葡萄牙被稱為coco，都是背負著堅硬龜殼的形象。不過故事的原型可能還是回溯到安提阿（Antioch），傳說當地的異教祭司埃德修斯有一個女兒叫作瑪麗娜，母親在她小的時候就去世了，不過她還是跟隨母親信仰基督，發誓為基督守貞，長大後由於拒絕羅馬總督的求愛和拒絕改變信仰而被囚禁。在獄中她遭遇到撒旦的幾次挑釁，其中一次是撒旦幻化成龍將她吞噬，她用十字架頂破龍的肚腹，使自己脫困。雖然這段傳說太過於離奇，但民間往往將她的形象塑造成站在龍背上的少女，這種形象和瑪爾大在民間流傳的形象非常相似，可能是受到貞女瑪麗娜傳說的影響才誕生了瑪爾大的傳說。

而貞女瑪麗娜似乎也並不是從基督教直接起源的，可能是希臘、近東女神信仰被基督化之後，演變出的聖徒傳說。Marina一詞對應的希臘語為Pelagia，意為來自大海，她的東正教版本叫作Margarita，意為珍珠。所以有學者認為貞女瑪麗娜的傳說原型可能是誕生自大海的阿芙蘿黛蒂，阿芙蘿黛蒂與眾多的近東女神有源流關係，而塔拉斯克之龍可能就源自近東神話中的深淵海怪。這種海怪往往是女神的眷獸、後代，或者就是女神自身。

Y Ddraig Goch是威爾斯語，意思是紅龍，現在是威爾斯的象徵。關於牠的記載據說出現在九世紀僧侶內尼厄斯（Nennius）的著作《不列顛人的歷史》（*The History of the Britons*），以及十四世紀的《馬比諾吉昂》（*Mabinogion*）中。其中《不列顛人的歷史》雖然成書年代更早，但記載的是紅龍故事的後半段；《馬比諾吉昂》成書年代晚，但在故事中解釋了紅龍和白龍的來歷。

《馬比諾吉昂》提到路德王（Lludd）時期，每年五月都會有可怕的叫聲，這種叫聲使婦女流產、動物不孕、植物枯萎、土地荒蕪。路德王沒有辦法，只有找他在法國的兄弟李瓦（Llefelys），李瓦告訴他這種叫聲源自一頭紅龍，是牠和外來的白龍爭鬥時發出的悲鳴。李瓦建議路

中世紀英國作家蒙茅斯的傑佛里（Geoffrey of Monmouth）所著的《不列顛諸王史》（*Historia regum Britanniae*）中的沃帝根王以及紅龍與白龍。

德王在不列顛的中心地區挖一個坑，裡面倒滿蜂蜜，在坑上蓋上布。入夜，紅龍和白龍廝殺疲倦了之後，被蜂蜜吸引到坑中，吃飽蜂蜜之後昏昏入睡。這時路德王命人用布料將兩頭龍包裹起來，放入石棺之中埋在史諾多尼亞（Snowdonia）的Dinas Emrys。

《不列顛人的歷史》說到，到了沃帝根王（Vortigern）的時代，因為撒克遜人起兵，沃帝根退守到威爾斯，想要在史諾多尼亞的Dinas Emrys修建城堡，但是城堡每天建好的部分都會在半夜消失，遇到了這種怪事，沃帝根王只好去詢問巫師，巫師告訴他需要找到一個沒有親生父親的男孩獻祭，將他的血灑在這片土地上才能建成城堡。

沃帝根王找來找去，最終在安布羅斯找到這樣一個男孩。但是男孩當面駁斥了巫師，並且告訴沃帝根王紅龍與白龍的故事。於是沃帝根王下令挖開地面，釋放出紅龍與白龍，兩條龍繼續爭鬥，這一次紅龍終於戰勝白龍。而這個安布羅斯男孩，就是後來的魔法師梅林（Merlin Ambrosius）。男孩告訴沃帝根王，白龍象徵撒克遜人，紅龍是沃帝根王的子民，紅龍戰勝白龍預言著沃帝根王的子民終將趕走撒克遜人。

Basilisk一詞源自希臘語βασιλίσκος，意為小國王。說牠小是因為牠的體型小，長度不超過十二根手指；說牠是國王，是因為牠頭上有一個冠狀的突起或白色的斑點，其餘和蛇的形象差異不大。牠被視為眾蛇之王，輕輕一瞥，就能夠奪走一條生命。傳說公雞下的蛋，被蛇或是蟾蜍孵化，才會誕生出巴西里斯克。到了中世紀，巴西里斯克就逐漸被賦予更多雞的特徵，甚至形象變成以雞為主。

最早記載巴西里斯克的資料，也出自老普林尼的《自然史》。據說牠主要分布在昔蘭尼省（Cyrene），長度不超過人的十二根手指，頭上長有白色的斑點，酷似王冠。一旦牠發出嘶嘶聲，所有蛇類都會迅速從牠身邊避開。牠不會像一般的蛇類那樣曲折蜿蜒地行進，而是高昂著身體

康拉德．格斯納的《動物史》中的巴西里斯克形象。

DE SERPENTIBVS QVORVM NOMINA INCIPIVNT A LITERA B.

DE BASILISCO.

B.

BASILISCVS Græcè, Latinè dicitur Regulus, eò quòd rex ſerpentium ſit: adeò vt eum videntes fugiant, quia olfactu ſuo eos necat, Iſidorus. Dicitur Regulus quia coronatum habet caput, Auicenna. Baſiliſcus appellatur genus ſerpentis, vel quod in capite habeat album inſtar diadematis, vel quòd reliqua ſerpentum genera vim eius fugiant, Feſtus. Sunt idem Baſiliſcus & Regulus, qui ſic vocatur, quia habet in capite maculam albam inſtar coronæ, vel quia cæteri ſerpentes fugiunt eius venenū, & interfecti ab eo nunquam curantur, Ferdinandus Ponzettus. Baſiliſcus Græca dictio regulum vel tyrannum ſignificat, quod inſtar regis omnibus animalibus ſit terrori: vel quòd in omnes tyrannidem & ſæuitiam exerceat, Spiegelius. Regulus qui & Baſiliſcus, Andromachus. ¶ Sibilus quoque idem eſt qui & regulus. Sibilo enim occidit antequam mordeat vel exurat, Iſidorus. ¶ Hebraicè צפע & צפעוני Regulus aut Baſiliſcus, Ieſ.14. & Ierem.8. Pagninus. Baſiliſcus Hebraicè vt Munſterus in trilingui habet פתן Pethen, חרמן Churmain.

直線前進。牠的所到之處，灌木雜草都會焦枯，岩石碎裂，僅僅是因為被牠的身體碰到或是接觸到牠的呼吸。羅馬人認為撒哈拉沙漠以前是鬱鬱蔥蔥的肥沃之地，直到因為巴西里斯克才變成一片沙漠。

羅馬詩人盧坎（Lucan）在他的詩中也描寫巴西里斯克，特別強調牠的劇毒：鳥只是從牠的上空飛過就會被毒斃，戰士騎在馬上用長槍殺死牠，牠的毒素會沿著地面和長槍將戰士和馬一併毒殺。但牠也有自然造化出的天敵，就是黃鼠狼。黃鼠狼會使用芸香，這能保護牠不受巴西里斯克毒液的影響；牠會鑽進巴西里斯克的巢穴中，狠狠咬住巴西里斯克的胸口不放，殺掉巴西里斯克。這種巴西里斯克與黃鼠狼的宿敵傳說，可能源自眼鏡蛇與獴之間的天敵關係。

老普林尼沒有提到的巴西里斯克傳說，之後的一些作者進行了補充演繹。在聖依西多祿那裡，巴西里斯克開始被稱為眾蛇之王，英國神學家比德（Venerable Bede）加上了公雞下蛋的橋段；英國學者亞歷山大・尼卡姆（Alexander Neckam）認為巴西里斯克的強大能力源自空氣腐敗。煉金術士認為巴西里斯克的血液、人血、紅銅的粉末和某種神祕配方的醋混合之後，能夠將銅轉化成西班牙黃金。中世紀哲學家大阿爾伯特（Albertus Magnus）記載巴西里斯克的死亡凝視，但是否定了其他傳說，諸如由公雞下蛋、牠的骨灰能夠將白銀轉化成黃金等等。

英國中世紀作家喬叟（Geoffrey Chaucer）的記載中了增加殺死巴西里斯克的辦法，讓牠聽公雞叫聲，或者用一面鏡子放在牠面前，讓牠自己被自己挑釁，被自己的死亡凝視所殺。漸漸地，巴西里斯克在傳說中變得更加強大可怕，牠可以口吐火焰，發出的聲音能使生靈死亡，接觸到人所持之物就能將人即刻殺死。神祕家安里西・哥內留斯・阿格里帕（Heinrich Cornelius Agrippa）為傳說增加更多的細節，牠的棲息地從中東的昔蘭尼轉移到西班牙的坎塔布里亞，在古代的世界廣泛分布，但當時已經很難見到牠了。

如果一隻老公雞死前的午夜正好是滿月而且天氣晴朗，牠就會產下巴西里斯克的蛋然後死去，這種蛋的殼雖然柔軟，但是堅韌。牠剛破殼就有一雙能夠向外噴火的眼睛，被牠注視的人或動物都會立即死去，只有黃鼠狼能正面對抗牠，牠只能被公雞的啼叫聲殺死。

中世紀瘟疫橫行，帶來疾病和死亡的巴西里斯克在這時的傳說非常盛行，經常引起一個地區人們的集體恐慌。傳說在教宗利奧四世（Sanctus Leo PP. IV）執政時期，羅馬一座神殿附近的拱門下躲藏著一隻巴西里斯克，牠的氣味引起一場巨大的瘟疫，最後是教宗利奧四世用祈禱殺死牠，拯救了城市。在西元一二〇二年的維也納發生一場原因不明的集體昏厥，人們追蹤到一口井，發現一隻巴西里斯克藏在井中，不過發現時，牠已經死去，人們為此樹立起一座雕塑作為紀念。西元一四七四年，在瑞士巴塞爾，人們發現一隻正在下蛋的公雞，於是這隻公雞立即被當局捕獲、審判並定罪為火刑。在執行火刑之前，人們叫劊子手剖開牠的肚子，在裡面發現三枚發育到不同程度的卵。

這些記載都沒有西元一五八七年發生在華沙的巴西里斯克事件詳細，當時一個叫作Machaeropaeus刀匠的五歲女兒和另一個小女孩一起神祕失蹤，刀匠的妻子和女傭四處尋找，最後在一棟三十年前倒塌房子的地窖中發現了兩個女孩，她們一動不動地躺在那裡，任憑女傭怎麼呼喊都沒有回應。為了拯救兩個小女孩，女傭勇敢地走入地窖，但她也很快倒在地窖中。刀匠妻子很精明，沒有跟著進入地窖，而是跑回家去尋找幫助。謠言迅速傳遍華沙，人們開始傳言那是因為空氣中有一種使人呼吸困難的氣體，這種不同尋常的氣體只會是巴西里斯克造成的。為此驚動了參議院，參議院邀請Benedictus醫師參與調查。

Benedictus醫師曾經是國王的御醫，對神祕學也頗有研究。調查者將屍體用長鉤吊了出來，醫師發現屍體異常腫脹，就像一個鼓，眼睛都從眼窩中凸了出來，像雞蛋一樣大。他認為這些遺體明顯不同於正常死亡的狀況，於是當即在驗屍現場宣布，這些死者是被巴西里斯克所毒死的。他建議人們穿著密閉皮質的衣服，戴上有玻璃視窗的頭罩，拿著耙子，下到地窖去捕捉巴西里斯克。雖然廣泛徵集志願者，但不論是軍人、警察還是一般市民，都沒有人願意去嘗試。

最後是一名叫作Johann Faurer的囚犯被說服，條件是如果他成功捕捉到巴西里斯克，他就能無罪釋放。在他進入地窖捕捉巴西里斯克的那天，現場至少有二千人圍觀，為他吶喊助威。經過一個多小時的摸索，他最終在地窖的壁龕裡發現了一個奇怪的動物。經過一番折騰，他朝著陽光舉起耙子，耙子上架著一個正在扭動身體的奇怪生物，牠有著公雞一樣的頭，癩蛤蟆一樣眼睛，王冠一樣的肉冠，一條彎曲的尾巴，渾身布滿疣和鱗片，在陽光下反射出有毒動物特有的紅色。故事到這裡就結束，沒有人知道這條巴西里斯克的下落。

雞蛇怪是傳說中致命的奇異生物，cockatrice是拉丁語中calcatrix的變體，源自calcāre一詞，意為行走。calcatrix對應希臘語中的ichneumon一詞，這個詞中的ichnos意為足跡，ichneumon在老普林尼的《自然史》中有載。牠熱衷於同蛇死鬥，不過牠有自己的策略，會用泥裹滿自己的全身，然後在太陽下曬乾，而且是連著裹上幾層，給自己加上一套鎧甲。在戰鬥中牠會挪動躲閃，直到發現破綻，然後側過頭，對準蛇的喉嚨，鑽進蛇的體內。牠在遇到鱷魚時，也會使用同樣的策略進行攻擊。老普林尼並沒有講到雞蛇怪的外形，有人認為這可能是一種分布在非洲和西班牙的貓鼬，或者類似於貓鼬的生物。

隨著時間推移，人們將牠視為水蛇之類的動物，並且

德國耶穌會教士阿塔納斯・基歇爾（Athanasius Kircher）西元一六七八年出版的《地下世界》（*Mundus subterraneus*）中的雞蛇怪。

漸漸跟鱷魚和巴西里斯克相混淆，特別是巴西里斯克，在雞蛇怪的傳說流傳過程中產生了很大影響，使雞蛇怪變成有著公雞頭、雙足，類似於飛龍一樣的奇異生物。並且和巴西里斯克一樣，牠也是由公雞下蛋，由蛇孵化而成，傳說牠所觸碰到的植物都會枯萎，只有芸香不會被牠的毒素影響，被牠看一眼的人和動物都會中毒身亡。牠害怕公雞的叫聲，而黃鼠狼是牠的天敵。文本的流傳是種奇妙的過程，就這樣雞蛇怪從蛇的宿敵變成了蛇怪，並且這種蛇怪的原型又正好是牠的宿敵。

塔佐蠕蟲是一種流傳在阿爾卑斯山地區的怪物傳說，所以也被稱為阿爾卑斯龍、瑞士龍，另外還有Stollenwurm、Springwurm、Arassas、Praatzelwurm和Bergstutzen等不同的稱呼。這是因為阿爾卑斯山地跨德國、奧地利、瑞士和義大利，所以不同地區對牠的稱呼也有所不同。

根據記載，塔佐蠕蟲最早被目擊是在西元一七七九年，這位倒楣的目擊者叫漢斯・福克斯（Hans Fuchs）。因為和塔佐蠕蟲的遭遇使漢斯・福克斯受到了嚴重的刺激，患上心臟病，在去世之前，他將這件事告訴自己的家人。在他的描述中，這種生物有五到七英呎長，身體呈蛇形，前肢有爪，長著一個像貓一樣的頭，一口鋒利的牙齒。

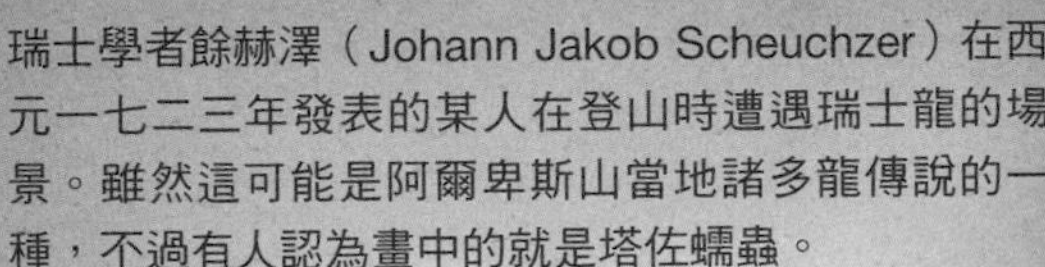
瑞士學者餘赫澤（Johann Jakob Scheuchzer）在西
元一七二三年發表的某人在登山時遭遇瑞士龍的場
景。雖然這可能是阿爾卑斯山當地諸多龍傳說的一
種，不過有人認為畫中的就是塔佐蠕蟲。

Fig. X.

西元一八二八年，又有人聲稱自己見到了這種怪物，不過這次是牠的屍體，而且已經被烏鴉吃掉一半。西元一八八三年或一八八四年的時候，一個叫作卡斯帕·阿諾德（Kaspar Arnold）的人在奧地利提洛爾州（Tirol）的菲爾岑（Hochfilzen）附近施皮爾貝格看到了塔佐蠕蟲。當時他正在山間飯店裡，這隻塔佐蠕蟲在他面前足足出現了二十分鐘。據他說塔佐蠕蟲確實只有兩條腿。

在十九世紀，塔佐蠕蟲襲擊人的傳說非常盛行。有一則目擊報告講述了瑞士農場小女孩的遇襲遭遇，當時小女孩正在割豆稈，而附近正好有塔佐蠕蟲的巢穴，這隻受到打擾的塔佐蠕蟲襲擊了小女孩。有人轉述小女孩的話說，牠是灰色的，和家貓一樣大小，看起來光溜溜，全身沒有長毛，只長了兩條前腿。還有一則類似的遇襲記錄，一個男子和他的兒子在山間採集藥草，他突然聽見了兒子的尖叫。他趕到他身邊時，發現附近的岩石下有條奇怪而可怕的生物，牠口中發出蛇一樣的嘶嘶聲，臉長得像貓，有一對明亮的大眼。男子用一根鋒利的木棍就輕易地刺傷牠，但從牠傷口中噴出的綠血濺到了男子腿上，將男子灼傷，使他只能從山中一路跛行回家休養。

到了二十世紀，大多數怪物傳說都不再盛行，留存下來的被歸類為未確認生物體UMA（Unidentified Mysterious Animal），塔佐蠕蟲也成為UMA之一。西元一九二一年夏天，有兩名目擊者在奧地利薩爾茨堡州的勞里斯

（Rauris）附近看到了塔佐蠕蟲，當時牠朝著兩人的方向，在空中飛了九英呎。目擊者聲稱，牠全身灰色，只有兩條腿，大概有二到三英呎長，頭長得像貓。在西元一九二四年，這兩人聲稱又發現了塔佐蠕蟲的骨頭，有五英呎長，很像蜥蜴的骨頭。西元一九三四年，一個叫作巴爾金的瑞士攝影師聲稱自己在瑞士伯恩州（Kanton Bern）的邁林根（Meiringen）拍到了塔佐蠕蟲的照片，經過驗證後發現，照片是偽造的，裡面的圖像是一件陶瓷做成的魚。塔佐蠕蟲的目擊報告一直持續到現在，最近一次是在西元二〇〇九年，在義大利的特雷西維奧鎮（Tresivio），這可能是誰家的蜥蜴寵物走失後被人發現，當地人誤認為是塔佐蠕蟲或者巴西里斯克。

現代一般認為塔佐蠕蟲傳說的原型可能是蠑螈、毒蜥或者石龍子，但是毒蜥和石龍子都不是阿爾卑斯山地區的原生生物。傳說中的塔佐蠕蟲需要冬眠，這就是為什麼牠也被稱為Stollenwurm的原因。到了冬季，牠躲在山腰的裂縫中冬眠，或者冬眠在乾草棚下的乾草裡，這造成了很多人類和牲畜在阿爾卑斯山中、偏遠村莊被潛伏的塔佐蠕蟲襲擊的記錄。冬眠這一特性正是蠑螈所具有的，阿爾卑斯山上正好有蠑螈分布，不過除去冬眠這種特性之外，蠑螈和傳說中的塔佐蠕蟲也相去甚遠。所以塔佐蠕蟲究竟是源自真實存在的動物，還是某種獨有的神話、文化、儀式、習俗演變而成的怪物傳說，都還有待考證。

雖然在中世紀時期，沙羅曼達往往被作為與火有關的象徵符號，但其實在諸如老普林尼的《自然史》等文本資料中，沙羅曼達是一種體溫很低的生物，低到能夠撲滅火苗，這種特性使牠不畏懼火焰。牠的身形和蜥蜴相類似，但是全身都長滿了斑點。牠的口中會分泌一種乳白色液體，只要人接觸到這種液體，不論是哪個部位接觸到，都會引起脫髮、皮膚變色以及皮疹發作。除了下大雨的時候，牠絕對不會外出，並且在天氣轉晴後就會消失。牠的毒性很強，如果人直接用牠接觸過的器皿喝水或喝酒，就會中毒身亡。

聖依西多祿所著的《詞源》對沙羅曼達傳說的記載有了進一步演繹，裡面講到沙羅曼達是所有動物中唯一一種

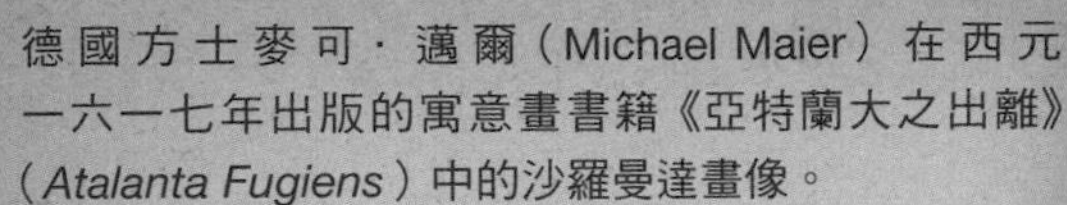

德國方士麥可·邁爾（Michael Maier）在西元一六一七年出版的寓意畫書籍《亞特蘭大之出離》（*Atalanta Fugiens*）中的沙羅曼達畫像。

EMBLEMA XXIX. *De secretis Naturæ.* 125

Ut Salamandra vivit igne sic lapis:

EPIGRAMMA XXIX.

Degit in ardenti Salamandra potentior igne,
Nec Vulcane tuas æstimat illa minas:
Sic quoque non flammarum incendia sæva recusat,
Qui fuit assiduo natus in igne Lapis.
Illa rigens æstus extinguit, liberáque exit,
At calet hic, similis quem calor inde juvat.

Q 3 Duo

單憑肉身就能撲滅火焰的，牠甚至可以生活在火焰中，不被焚燒、不受苦痛。在所有有毒的動物中，牠造成的危害最大，牠的毒素能一次造成大量的人死亡。如果牠爬到果樹上，就會使樹上所有的果實都沾染上毒素，食用這些果實的人都會中毒而死；如果牠落在一口水井中，井中的水都會帶上毒素，所有飲用這口水井的人都會死亡。

到了中世紀，沙羅曼達的形象更加多變，有時被畫作類蛇的蠕蟲，有時是一種白色的小鳥，有時是長有耳朵類似犬的生物，有時甚至是有著人臉、長鬚，戴帽子的人獸混合體，不過這應該是針對教宗的諷刺畫，最多的時候是被畫成一隻蜥蜴。在煉金術中，沙羅曼達往往代指硫磺或者硫化物。

和中國傳說中的火鼠皮類似，混入石棉的紡織物，因為具有耐燃的特徵，往往被認為是由沙羅曼達的皮製成。由於是從東方傳入的，所以傳說中的沙羅曼達皮製物，常會被附上祭司王約翰或者印度皇帝的事蹟，同時又和絲綢的傳說混淆。在傳言中，沙羅曼達是一種活在火中、會吐絲的蟲，用這種絲所製成的衣物在清洗時，只需要扔進火中就行了。

到了文藝復興時期，沙羅曼達的傳說依然盛行。達文西（Leonardo da Vinci）認為牠除了火不需要食用其他東西，所以體內就不需要任何消化器官，牠在火中會不斷地蛻下死皮，長出新皮。煉金術士帕拉塞爾蘇斯

（Paracelsus）則認為沙羅曼達不是惡魔，而是火元素的化身，與人類的性質近似，除了沒有被賦予靈魂。

歐洲民間也流傳著很多關於沙羅曼達的傳說，例如牠含有劇毒的呼吸會使人渾身浮腫，直到皮膚破裂。法國奧弗涅（Auvergne）的牛群曾經爆發過這種症狀，元凶就被認為是沙羅曼達，所以牠因此得名「痛嚎的呼吸」。布列塔尼人（Bretons）非常害怕牠，甚至忌諱講出牠的名字，擔心牠聽到後會將自己殺死。人們認為牠很少呼吸，想要殺死牠，只有長時間將牠關在密閉的箱子裡，讓牠吸入自己的有毒呼吸。

沙羅曼達的原型可能是火蠑螈，這種蠑螈通體黑色，長有黃色的斑點，主要分布在中歐和南歐地區，一般在夜晚活動，下雨天會很活躍。有人認為火蠑螈習慣藏身在枯木中，當這些枯木被人作為柴火燒的時候，火蠑螈無法忍受溫度逃竄出來，就像從火中誕生一樣。同時，火蠑螈會分泌毒性很高的毒素，能夠導致人的高血壓、肌肉痙攣以及呼吸過度。這種生物習性加上人們的演繹，最終構成了沙羅曼達傳說。

據說在西元一七八四年法國的周刊《*Courier de L'Europe*》刊載了這樣一則消息：在秘魯聖達菲的法瓜湖中發現一種怪物，牠的身體有二十英呎長，整個身體都被鱗片覆蓋，長著人一樣的臉，嘴巴和臉一樣寬，牛一樣的角、有二英呎長，驢一樣的大耳朵，獅子一樣的鋒利牙齒，蝙蝠一樣的翅膀。牠的頭髮很長，可以拖到地面，下半身就像是龍，並且身體末端分為兩條尾巴，尾巴非常尖利，用一條尾巴來纏住捕捉獵物，用另一尾巴的刺來攻擊、了結獵物的性命。牠往往在夜間出沒，主要捕捉當地人畜養的牛和豬。

《*Courier de L'Europe*》刊載的消息聲稱，人們已經將這個動物捕獲，並帶回歐洲，正在進行展出。不過後來證

HARPIE MÂLE, MONSTRE AMPHIBIE VIVANT,
Pris dans l'Amérique Méridionale, Province de Chili, en sortant du Lac de
agua, d'ou il ne sortoit que la nuit pour dévorer Cochons, Vaches et Taureaux:
le Vice-Roy voulant éviter l'embarquement d'une trop grande quantité
de bestiaux pour sa nourriture, le fit conduir dans les terres jusqu'au Golfe
le Honduras d'ou on la embarqué pour la Havane et de la pour l'Espagne.
Ce monstre mange 1. Bœuf et 3. ou 4. Cochons par jours.

西元一七八四年出版的法瓜湖怪物版畫。

實這是一則帶有玩笑性質的假消息，是十八世紀末期法國流傳的諸多諷刺漫畫的一種。

Fagua，又被稱為Fagu或者Fagna，這則傳說融合了包括希臘神話怪物哈耳庇厄（Harpy）之內的各種來源，在近代法國被民眾當成對法國皇室生活奢靡、開支無度、國庫枯竭以及國民議會毫無用處的象徵和諷諭，其寓意可能是源自當時人們對希臘神話中哈耳庇厄的理解和認知。他們認為牠代表著饑餓與荒蕪，破壞肥沃的田地，將牲畜整隻整隻地浪費，把食物從人們的餐桌上直接偷走。

但古希臘的哈耳庇厄只是一種人首鳥身的怪物，並沒有這麼多誇張的身體特徵。這種怪物的具體形象可能源自十八世紀後半期，阿登森林流傳的一種怪物，被人畫成了版畫流傳。牠長著蝙蝠一般的翅膀，龍的尾巴，驢的耳朵和鳥的腳爪，牠的軀幹、手臂和臉部都和人類的類似，牠還長著下垂的乳房，有長長的頭髮，這些頭髮都是由蛇組成的，眼睛裡流露出憤怒、瘋狂的目光，爪子裡抓著小孩，尾巴還捲著一頭綿羊。在阿登森林怪物的階段，人們並沒有為牠賦予政治含義，只是單純作為一種怪物獵奇的閒聊內容。

將這種怪物炮製到聞名全法國的人是路易十八（Louis XVIII）。西元一七八四年，在路易十八（這時他還沒有成為國王）的指示下，一本叫作《象徵性怪物的史實性描繪》的小冊子出版，其中將阿登森林怪物改編成法瓜湖怪物，怪物的捕獲者名字叫作Francisco Xaveiro de Meunrios，這位Meunrios可能就是路易十八本人，因為他曾經有一個頭銜叫作大親王Monsieur，而Meunrios只是將Monsieur的字母順序變化的文字遊戲。

這種怪物迅速在法國流行開來，很多巴黎的出版商都發行這個怪物的圖像木刻小報，出現了各種不同的版本，但內容都大同小異。法國人對這頭怪物感到好奇，忽視了牠是被人為編造的傳說，其中部分版本提到秘魯總督將會把這頭怪物帶回西班牙，獻給查理五世，還會在歐洲繁衍後代。自己杜撰的傳說變得如此有影響，這麼多人信以為真，甚至有學者提出要前往西班牙的加的斯港（Cádiz）研究，路易十八很是洋洋自得。

同樣在西元一七八四年左右，巴黎開始流行一種以哈耳庇厄為名的女性服裝潮流，吸引包括法國皇后瑪麗・安東尼（Marie Antoinette）在內的女性。採用三角形的印花絲帶裝飾禮服和帽子，使人聯想到法瓜湖怪物的角、牙齒和爪子。

西元一七八六年，一齣叫作《*Les Trois Folies*》的戲劇上演，講述費加羅和蘇珊娜在異國島嶼上遇難，島嶼上有敵對的原住民，以及哈耳庇厄，蘇珊娜被原住民俘虜。故事最後蘇珊娜得以逃脫，費加羅成了當地人的國王。當初這齣戲劇的上演時間被推遲了幾個月，據說是因為影射了當時的法國國務活動家、財政總監卡洛納子爵。

西元一七八七年在阿姆斯特丹印刷的小冊子上，製作者將皇后的形象和哈耳庇厄進行了融合，用以諷刺王室。之後又被人用在對國民議會的諷刺漫畫上，哈耳庇厄的角上穿著各種珠子，珠子上是各種法案和宣言的名稱。

西元一七九二年，出現了一種新的圖像模式，以美麗的青年女性象徵自由，她的腳下踏著哈耳庇厄或者九頭蛇。十年左右的時間，哈耳庇厄從人們追捧的談話內容變為腐朽醜惡的象徵。這應該是路易十八這個怪物傳說的推波助瀾者所料想不到的吧。

Jenny Haniver源自法語jeune d'Anvers，意為安特衛普的小夥子。牠在十六世紀中葉開始流行起來，當時安特衛普碼頭周圍的水手們會向遊客出售各種新奇的物品，其中就包括珍妮·哈尼弗。牠其實是水手利用鰩魚製作的標本，可能是受到日本製作人魚、河童標本的影響。英國水手間盛行倫敦東區方言，經過他們一說，就變成Jenny Hanvers，逐漸演變為現在的Jenny Haniver並且固定了下來。

珍妮·哈尼弗常常被用作冒充龍、魔鬼、天使以及巴西里斯克之類傳說生物的標本，特別是巴西里斯克，因為傳說被牠注視的人即刻會死去，所以沒有人見過牠的真實樣子。加之十六世紀民眾間廣泛形成了巴西里斯克的恐

烏利塞・阿爾德羅萬迪的《怪物志》中的珍妮・哈尼弗形象。

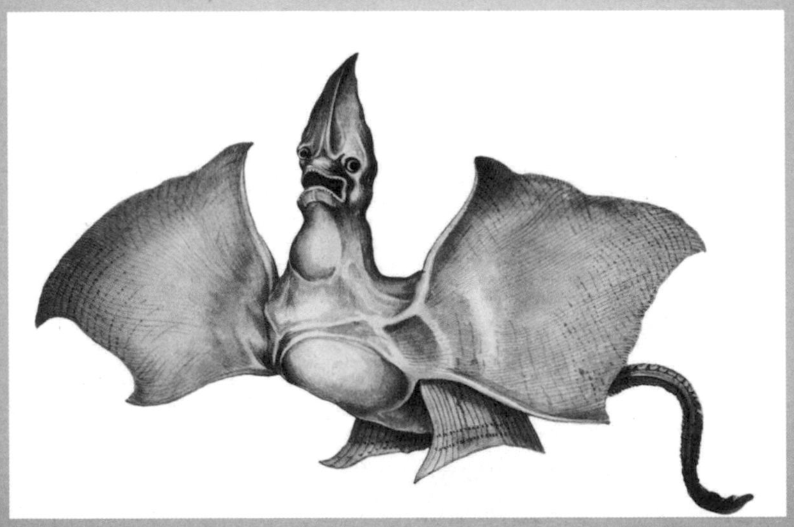

慌，所以水手們常常將鰩魚製成乾並扭曲後，用來冒充巴西里斯克的屍體。在新大陸人們對牠看法又不一樣，譬如墨西哥的沿海城市韋拉克魯斯，那裡的人們認為牠擁有某種神祕力量，施咒者常常在儀式上用到牠。

康拉德·格斯納在他的《動物史》一書談到了珍妮·哈尼弗，並且提供其形象的版畫。他在書中對珍妮·哈尼弗的真相進行說明，認為這些所謂小型龍或者怪物的標本都是假冒的，是由鰩魚製成。

用來作偽標本的鰩魚一般是犁頭鰩，被人們當成眼睛的部位實際上是牠的鼻孔，為了構成頭部，製作者需要將連成片的頭鰭和胸鰭剪開，還要在胸鰭末端剪出細肢充當怪物的前肢。

Sea monk也被翻譯為海中修士，有人根據漢語的習慣，將牠翻譯成海和尚，這樣就和日本傳說的海坊主產生了聯想。翻閱故紙堆，會發現《三才圖會》中也有記載和尚魚。不過修士魚並不是那種直接造成自然災害的妖怪，或者光頭龜背，而是人們以訛傳訛，導致真相撲朔迷離的傳說。

有記載，在西元一五四六年，人們在丹麥東海岸西蘭島（Zealand）附近的松德海峽（Oresund），發現了一條很像修士的海洋生物，並且將牠描述為一種魚。牠的體長大概有八英呎，大約是二點五公尺。牠的頭部是黑色的，側腹部有嘴，長有背鰭和尾鰭。

西元一七七〇年的一篇記載，詮釋了將牠稱之為修士

十六世紀德國彩色版畫傳單上的修士魚。

的原因。牠被人叫作修士，是因為牠和修道士一樣，有著隱修式的生活習性。這種解釋明顯是望文生義。其中對修士魚的外觀又有進一步的描述，說牠長著像人的頭和臉孔，頭頂上就像是修道士那樣剃光，留下一圈頭髮；牠的下半身長滿魚鱗，只能勉強辨認出類似於人的關節和下肢。這種描述增添了更多的細節，看起來更加離奇，比起修士魚早期版本的傳說更加吸引人。於是在歐洲流傳的版本都和這種描述大同小異，根據這種描述而繪製的形象也出現在各種活字印刷小報上，也很快被博物學家們收錄在自己的著作中。

因為修士魚的傳說本身沒有故事性，只是人們在海岸上發現了一種奇形的生物，所以圍繞牠展開的情節往往是根據文獻中僅有的內容來辯論真偽、探討原型。有人認為牠其實就是大王烏賊、琵琶魚、海象、海豹之類；還有人將牠和珍妮·哈尼弗的傳說連結起來，認為是用鰩魚偽造的。反駁者認為傳說中的修士魚並不是製成乾的屍體，學者最新的一種推論認為，牠的原型可能是天使鯊。天使鯊又被稱為太平洋扁鯊（Squatina californica），牠的身體輪廓和博物學者書中的版畫非常相似，但遺憾的是，牠的頭部不是黑色的。

還有人從社會文化層面來理解這則傳聞：當時正值歐洲的宗教改革時期，發現修士魚的西元一五四六年正好是主導德國宗教改革的馬丁·路德（Martin Luther）逝世的年分，路德教派熱衷利用各種怪物和現世的不祥預兆來攻擊羅馬公教，修士魚也出現在德國的印刷小報上。丹麥受到德國的影響，也開始脫離羅馬公教，改信路德教派，到現在丹麥國內有八五％以上的人信仰路德教派，而只有○・六％的人信仰羅馬公教，所以傳說的後半段出現的情節是，丹麥國王得知後，下令將修士魚屍體掩埋。

主教魚往往也被稱為海中主教（sea bishop），在博物學家的著作中，主教魚總是和修士魚並列出現。在圖像中，牠的頭部往往長有類似主教冠的尖頂。主教冠最初是只有教宗才能佩戴的一種儀式性禮帽，它的尖頂象徵五旬節（Pentecost）聖靈的火舌。後來隨著權柄超越世俗君王，教宗們開始佩戴三重冕，而主教冠成為眾主教的禮帽。主教魚身上長有類似於主教披肩和長袍的部分。

主教魚的傳說出現在十六世紀時期，牠被捕獲之後，送去給了波蘭國王，波蘭國王希望能夠將牠保留下來。之後一堆羅馬公教主教前來參觀時，牠向這些主教做出祈求的手勢，希望能放牠自由。主教們批准了牠的請求，牠在離開時，向主教們做出畫十字聖號的動作，之後便消失

François Desprez在西元一五六二年出版的《*Recueil de la diversité des habits*》中的主教魚。

在茫茫大海之中。另一例人類遇到主教魚的事件是在西元一五三一年德國附近的海域，人們在打魚時捕獲了牠，這條主教魚在被捕後不吃不喝，三天之後因為絕食而死。

也有主教魚食人的傳說，當主教魚發怒的時候，會伸出長長的手臂，抓住漁夫的船。牠還會找到漁夫的女兒，將她拖進自己的巢穴飽餐一頓，然後將屍骨送還給漁夫，這時大海如果有風暴也會平息。因為本身的宗教特徵和傳說形成的年代接近，主教魚常常被用作和修士魚並列，但是主教魚有類似於人的四肢，有智慧，能和人溝通，可以做出一定的動作，更接近觀念中的人魚。

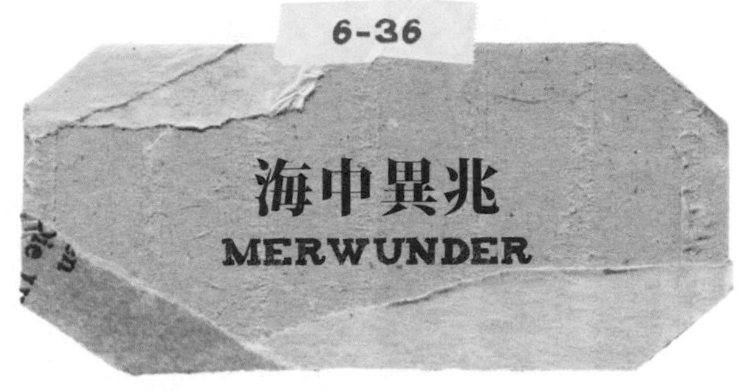

西元一五二三年十一月三日，在羅馬出現了一隻奇怪的水生物，牠長著人類的軀幹，看起來就像五六歲的小孩，肚臍以下是魚身；牠的耳朵比起人耳看起來更像是異獸的器官。解讀記載的文字中沒有提到的是，牠在對應人類腿部的位置，長著類似腿的東西，上面有蹼。牠最初被稱為海中異兆。

西元一五二三年正好是德國畫家老盧卡斯·克拉納赫製作「教宗驢」畫像的年分，這時路德教派對羅馬公教的輿論戰正打得如火如荼，其中不乏各種怪物降生的傳說被配以怪誕的畫像印製成小報。據說，同年的九月二十三日，在那不勒斯還出現了彗星，隨之而來的是暴雨和地震，這些和羅馬出現的人魚小孩一樣都是因為羅馬

烏利塞·阿爾德羅萬迪《怪物志》中的海中異兆。

公教的不公義，而招致的上帝警告。人魚小孩正好也是先出現在德國的這種小報上，然後才被自然學家、博物學家收錄在自己著作中，譬如西元一五五八年的《魚書》（*Fischbuch*），但在德國的小報中是女性上身的人魚。

這種人魚小孩的形象出現在包括康拉德．格斯納等諸多博物學家、生物學家的著作中，和牠一起被收錄進書中的往往還有特里同和賽蓮，兩者總是被用來表現男性人魚和女性人魚。這種圖像中的男女人魚並排在一起，牠們在書中的形象和人魚小孩如出一轍，都是肚臍以上為人，肚臍以下為魚，長有類似腿的東西，也有蹼。

雖然古羅馬、中世紀乃至文藝復興時期，人魚的形象中存在著以蟹鉗、鳥爪給人魚添加腿部的傾向，但明顯將魚鰭作為腿，應該是從人魚小孩的木刻版小報開始。男女人魚並排的圖像，在西元一六〇〇年的木刻版畫中被稱為特里同與寧芙，這幅版畫和後世諸多博物誌中特里同和賽蓮的形象非常相似，但是其中的人魚並沒有被畫上腿狀的魚鰭。

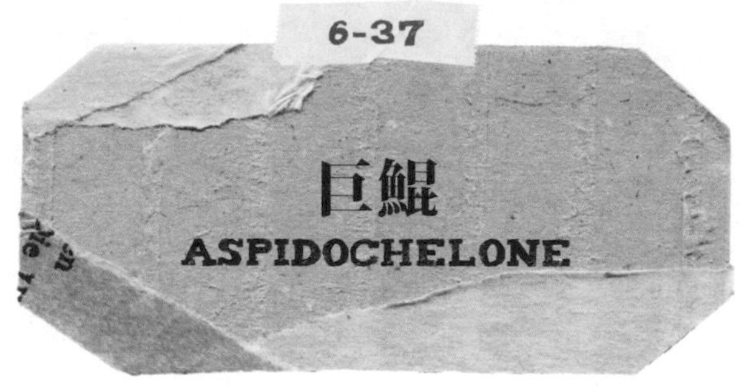

巨鯤和中國典籍中的巨鰲、吞舟之魚類似，都是體形巨大，背上長出植被，有海灘、有山峰，讓人誤以為是海島的魚、龜之類。Aspidochelone一詞源自希臘語，是由aspis（蛇或盾牌）加上chelone（龜）構成，這不免使人聯想到中國神話中鎮守北方的神獸玄武。在西元二世紀，希臘人編纂的自然博物類書籍《博物學者》提到巨鯤是一種巨大的鯨魚，牠將自己隱藏起來，只露出背面，看起來就像是海灘一樣。經過的水手誤認為這是一個島嶼，於是就釘下木樁，將船停泊靠岸，之後開始生火做飯。鯨魚被火燒灼之後，會下意識地潛入水中，而固定在牠背上的船也被連帶著拖入深海，水手們也被淹死。也有傳說稱巨鯤會發出一種香甜的氣味，誘惑魚受騙，然後將魚吞噬。在羅馬公教觀念中，巨鯤被認為等同於惡魔，用詭計矇騙人

法國《動物寓言集》中的巨鯤，這是一二七〇年法蘭德斯地區的手抄本。

類，使人們將希望寄託在牠身上，然後背叛人類，將人類拖入地獄的烈火之中。

類似的巨大海生物傳說廣泛存在於各種文化之中，在愛爾蘭聖徒聖布倫丹（Saint Brendan）的傳說中，有一條大魚摧毀了聖布倫丹航向伊甸園朝聖的獸皮船。牠往往被叫作Jasconius，也被誤認為是一座島嶼。在聖經《約拿書》中，約拿去尼尼微傳道時遇到海難，被上帝安排大魚吞掉，在魚腹裡度過了三天三夜。聖依西多祿在《詞源》提到，這條魚應該有山一樣大的身體。在因紐特人（Inuit）的傳說中，有一種叫做Imap Umassoursa的海怪，牠的體型巨大，常被水手們誤認成海島，牠潛入水中時，攜帶的水流會把水手們捲進深海。在中東傳說中有一種叫作Zaratan的巨龜，牠以體型巨大和長壽聞名，也會被人誤認為是海島，在阿根廷作家豪爾赫·路易斯·波赫士（Jorge Luis Borges）的《幻獸辭典》（*The Book of Imaginary Beings*）也有描述。日本江戶時代的妖怪繪卷《繪本百物語》也提到一種巨大的海怪，被稱為赤鱝之魚，傳說一艘從千葉縣南部出海的漁船，因為遭遇了大風，迷失航向，偶遇一座海島，登島的人發現島上草木茂盛，還有淡水和魚，但是海島突然下沉，水手和船也被下沉的亂流帶入海底。智利民間傳說一種叫作Cuero的海怪，Cuero意為皮革，是指這種海怪會像皮革一樣平攤在海面，以此引誘水手，吞噬任何接近牠的生物。

人們對海中潛伏著巨大蛇類的幻想從來沒有停止過，希伯來神話中的拉哈伯、利維坦，北歐神話中的耶夢加得，希臘神話中的塞特斯（Cetus）、厄喀德娜，中國神話中的蛟等，無一例外，都是海中的巨大蛇形怪物。

雖然各個文明區域內都有海蛇傳說出沒，不過其中最為盛行，並且在海蛇傳說形成過程中影響最深的，應該是斯堪地那維亞半島區域的民間傳說。傳說在西元一〇二八年，挪威國王奧拉夫二世（Olav II Haraldsson den Hellige）在挪威西部的瓦爾達爾（Valldal）殺死了一條海蛇，他將海蛇的屍體留在Syltefjellet山峰上，現在當地還有根據海蛇命名的地標。奧拉夫二世在西元一〇二七年時聯合瑞典出兵攻打丹麥，當時丹麥是克努特大帝（Canute

烏利塞·阿爾德羅萬迪的《怪物志》中的海蛇。

the Great）當權，克努特大帝建立包括丹麥、挪威、英格蘭、蘇格蘭和瑞典南部在內的帝國，所以奧拉夫二世雖然是一時人傑，但遇到一個更強大的對手。這次進攻以失敗告終，他也流亡到諾夫哥羅德（Novgorod）。至於奧拉夫二世在與丹麥開戰的一年後，有沒有在瓦爾達爾殺死海蛇就難以考證了。雖然奧拉夫二世失敗，但是他還是受到挪威人的尊敬，被封為聖奧拉夫，稱為挪威的主保。他殺死海蛇的傳說，可能也是英雄屠龍神話的分支和演變。

瑞典神學家奧勞斯·馬格努斯在他的著作《海圖》描繪了海蛇的形象，並在他的《北方民族史》（*Historia de Gentibus Septentrionalibus*）記載了人們傳說中的海蛇。那些沿著挪威海岸航行去貿易或捕魚的人，都會提到一條長二百英呎、粗二十英呎的巨蛇，牠出沒在挪威卑爾根（Bergen）的斷崖和洞穴一帶，會在夏季的夜晚離開洞穴，偷吃人們圈養的牛犢、羊和豬，也會在海中尋找水母、螃蟹之類的食物。牠的脖子處懸掛著長長的鬚狀物，身上長滿鋒利的黑色鱗片，紅色的眼睛目光如炬。牠會突然像柱子一起從水中冒出來，攻擊船隻，將落水的船員吞食掉。

挪威的路德派傳教士漢斯·埃格德（Hans Egede）記載，在西元一七三四年七月六日，他乘坐的船駛過格陵蘭島的海岸時，船上的人們突然騷動起來。海面上出現了一個可怕的生物，這種生物人們之前都沒有見過。牠的脖子很長，抬起的頭就像樹杈上的烏鴉巢一樣，牠的頭很小，身體很短，全身皮膚有褶皺，但長有巨大的鰭在水中划動。之後船員們才看到牠的尾巴，牠的身長比整艘船都還要長。

受到北歐的影響，英國也產生了很多關於海蛇的傳說，並且隨著英國近代的影響力廣為傳播，形成了延續至今的海洋未知生物文化。

現代最常見的雙尾人魚圖形應該是星巴克的標誌，而雙尾人魚的形象最早可能在西元七世紀就已經出現。

在義大利佩薩羅（Pesaro）的一座大教堂的馬賽克地板上，出現了雙尾人魚的形象。這座教堂的馬賽克地板是七世紀的拜占庭時期鋪設的，五百年後，牠出現在奧特朗托大教堂（Otranto Cathedral）的馬賽克裝飾上。也許因為在當時奧特朗托是一個繁榮的港口城市，大教堂上的雙尾人魚啟發了當時很多人。之後這種形象在歐洲廣泛流傳，特別是十三世紀之後，牠成為中世紀動物寓言題材的一種，被用作教堂上的裝飾，用來反對中世紀教會譴責的惡習，教會將牠用來對應淫慾，以警告當時的男人和女人。到了十四世紀，法國開始流行美露莘（Melusine）的

羅馬的科隆納家族委託製作的雙尾人魚銅像，年代大概是西元一五七一年至一五九〇年。

傳說，而美露莘的形象很快就和雙尾人魚聯繫在一起。

雖然有星巴克的成員認為他們的標誌來自某個十六世紀的北歐木刻版畫，但是這說法缺乏可靠的證據支持，這種雙尾人魚形象可能就是美露莘的形象，牠的畫像在十五世紀到十六世紀在法國到北歐都比較盛行。雙尾人魚也被用作紋章，作為無敵與繁榮的象徵。

後來，頭戴皇冠、手持自己雙尾的人魚也被當作出版業者的標章，這裡是用來象徵知識，可能源自雙尾人魚在煉金術寓意畫中的含義。牠的兩條尾巴被視為一種雙重屬性，被稱為哲人賽蓮，是更加仁慈的啟蒙象徵，牠代表了地元素與水元素的統一，身體與靈魂的統一，象徵著宇宙水銀，能夠召喚出萬物源自於此、萬物皆歸於此的世界靈魂（Anima Mundi），是所有哲人的嚮往。

關於人魚為什麼會頭戴皇冠，有人認為可能是受到希臘羅馬神話的影響，地中海沿岸的一些城市將人魚海王子特里同視為建城者，很多城市將人魚作為紋章，海王子特里同自然會佩戴皇冠。同時，很多貴族將人魚作為自己的先祖，譬如最著名的美露莘，美露莘的部分圖像也是佩戴冠冕的。

雙尾人魚這種手持自己尾巴的姿勢，有人認為可能源自歐洲民間信仰的遺存，和祈願豐饒的地母神有關。這種分開雙尾的姿勢，是一種強調女性器官的動作，意味著生命力、生育力等自然之力。

伊普皮亞拉是巴西傳說中的一種海怪，Ipupiara一詞源自圖皮語，意為水中之人，一方面出現於當地印第安人的傳說中，一方面被歐洲的博物誌所記載。在葡萄牙歷史學家佩羅・德・麥哲倫・岡達沃（Pêro de Magalhães Gândavo）的記載，西元一五六四年聖文森特（Saint Vincent）的海岸邊，一個叫作伊雷塞的印第安姑娘正在找尋自己的情人安迪拉，但是卻發現了怪物，而安迪拉明顯已經遇害。伊雷塞在逃跑途中遇到巴爾塔薩・費雷拉，他是聖文森特的首席指揮官，巴爾塔薩・費雷拉拔劍迎擊這個怪物，最終殺死了牠。德國版畫上也有這則英雄戰勝怪物的記錄，不過有說是喬治・費蘭多的兒子殺死了牠，還有說是費迪南德・喬根的兒子，印第安人並不是完全被西元一五六五年德國彩色版畫傳單中的伊普皮亞拉。

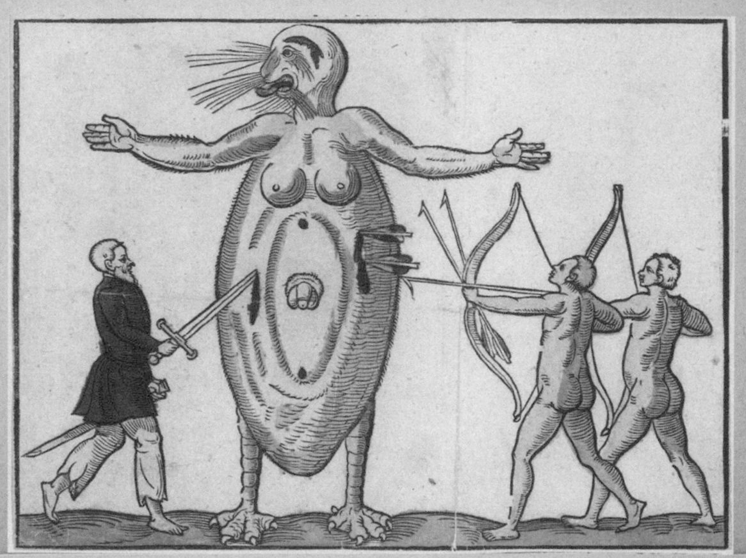

拯救的對象，而是幫助白人英雄，向怪物射箭，有記載是兩名，有記載是五名。

這種怪物被描述有十五英呎長，全身長滿毛髮，嘴唇邊長有鬍鬚，像絲綢一樣光滑；或是有綠色天鵝絨一般的皮膚，畫像中往往為橢圓狀的身體，胸部長有乳房，肚腹處長有陰莖，類似於人的手臂，後腿是鳥爪，能夠站立。

耶穌會教士費爾南・卡丹（Fernão Cardim）的記載又有不同，這種生物很高，但非常令人厭惡，牠們會擁抱人類、親吻人類、將人類抱著擠壓，使人窒息而死，然後吃掉人的眼睛、鼻子、腳趾、手指和生殖器。這種生物也有女性，牠們的頭髮很長很美。法國探險家讓・德・萊里（Jean de Léry）也有關於伊普皮亞拉的記載：有人曾經用獨木舟在海上釣魚，突然從海中伸出一隻爪子扣在船舷上，想要爬上船來，這種情況下他立即拿起刀對著這個爪子砍下去，爪子被砍了下來落進船裡。他這才看清爪子和人手很像，都有五隻手指。被砍掉手的生物痛得從水中露出頭來，發出一小聲呻吟，牠的頭也類似人頭。

有人認為巴爾塔薩・費雷拉殺掉的怪物可能是海獅，雖然海獅並不鮮見，但很少出現在聖文森特海岸一帶。

6-41
薩爾馬提亞海蝸牛
SARMATIAN SEA SNAIL

薩爾馬提亞海是波羅的海的舊稱，也可以被稱為東日耳曼海。根據十六世紀法國醫師Andre de Thevet在著作《宇宙志》（*Cosmography*）的記載，在薩爾馬提亞海棲息著一種巨大的蝸牛，牠的體型很大，就像酒桶一樣，牠的頭部長著鹿角一樣的身體組織，鹿角每個分支的頂端長有光澤、小而圓的球端，看起來就像優質的珍珠。不同於其他的軟體動物，牠的眼睛分布在頭部兩側，能像蠟燭一樣明亮地發光。牠長著一個圓形的鼻子，使人聯想到貓，鼻子周圍是鬍鬚狀的白色毛髮，鼻子下面長著一個巨大的嘴巴，就像裂縫一樣，嘴巴下面懸掛著一個外觀可怕的贅肉。牠的脖子粗壯，尾巴長而且五顏六色，有類似老虎一樣的斑紋。另一點和眾多軟體動物不同的地方是，牠長有

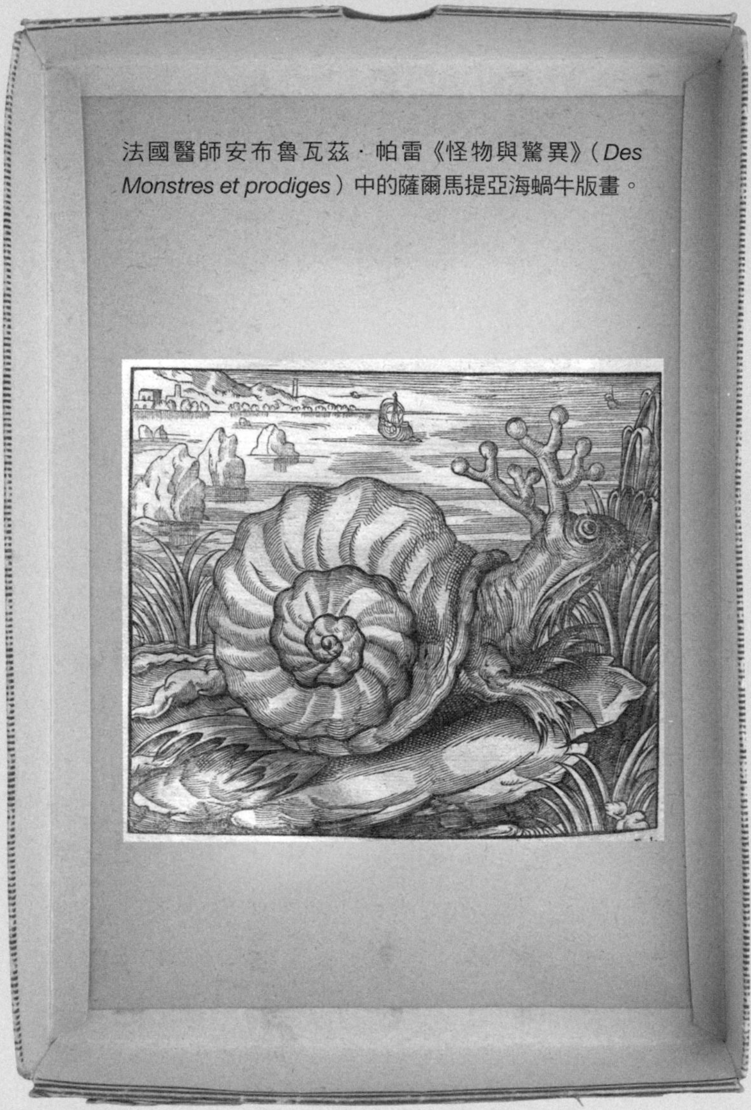

法國醫師安布魯瓦茲·帕雷《怪物與驚異》（*Des Monstres et prodiges*）中的薩爾馬提亞海蝸牛版畫。

鉤爪，而不是偽足。牠和蝸牛唯一能產生關聯的地方，大概就只有背上那巨大、堅固、厚重的環狀蝸殼了。

雖然薩爾馬提亞海蝸牛有著驚人的外觀，但實際可能非常膽小，行動很謹慎，一般棲息在外海。牠被認為是兩棲類動物，主要食物來源是岸邊或者海中的植物，牠會趁低潮時，偷偷來到海岸邊吃草。

薩爾馬提亞海蝸牛的肉可以食用，據稱吃起來肉質鮮美、細膩，是一種美味，還能有助於預防肝和肺方面的疾病，牠的血液也具有藥物價值，可以用來治療痲風病。

至於薩爾馬提亞海蝸牛的原型究竟是什麼，人們眾說紛紜，有人認為是某種未知的兩棲腹足類動物，也有人認為是裸鰓類動物的變異。也有人考證，中世紀以前人們常常將龜殼和蝸牛殼混淆，在西元一四八五年出版的德國首部自然史百科全書《健康花園》（*Hortus Sanitatis*）的木刻版畫中，海龜就被畫成了長有兩條腿的蝸牛，而眼睛和鬍鬚可能源自海豹，薩爾馬提亞海蝸牛是一種傳播過程混淆不同動物特徵而產生的怪物傳說。

在十六世紀中的德國版畫傳單，記載這個怪物在法國位於普羅旺斯昂蒂布（Antibes）和尼斯（Nice）之間的地中海岸邊出現。牠從海中升起，獵殺人類，被記載為無敵的海怪。

法國醫師安布魯瓦茲・帕雷在著作《怪物與驚異》記載，這種怪物的背部有黃色的十字線交叉，身上有很多條腿，尾部很長，末端有毛球，插圖作者給牠繪製了覆蓋全身的鱗甲，十二條腿，每條腿上有四個尖銳的爪子，身體左右以及後部都長有一隻眼睛和一個耳朵。

安布魯瓦茲・帕雷宣稱這個怪物的記載援引自約翰・雷歐（John Leo）的著作《非洲志》。其中提到，這種異常怪誕的生物，身體是圓形的，和烏龜類似，在牠的背上

十六世紀中德國版畫傳單的非洲怪物。

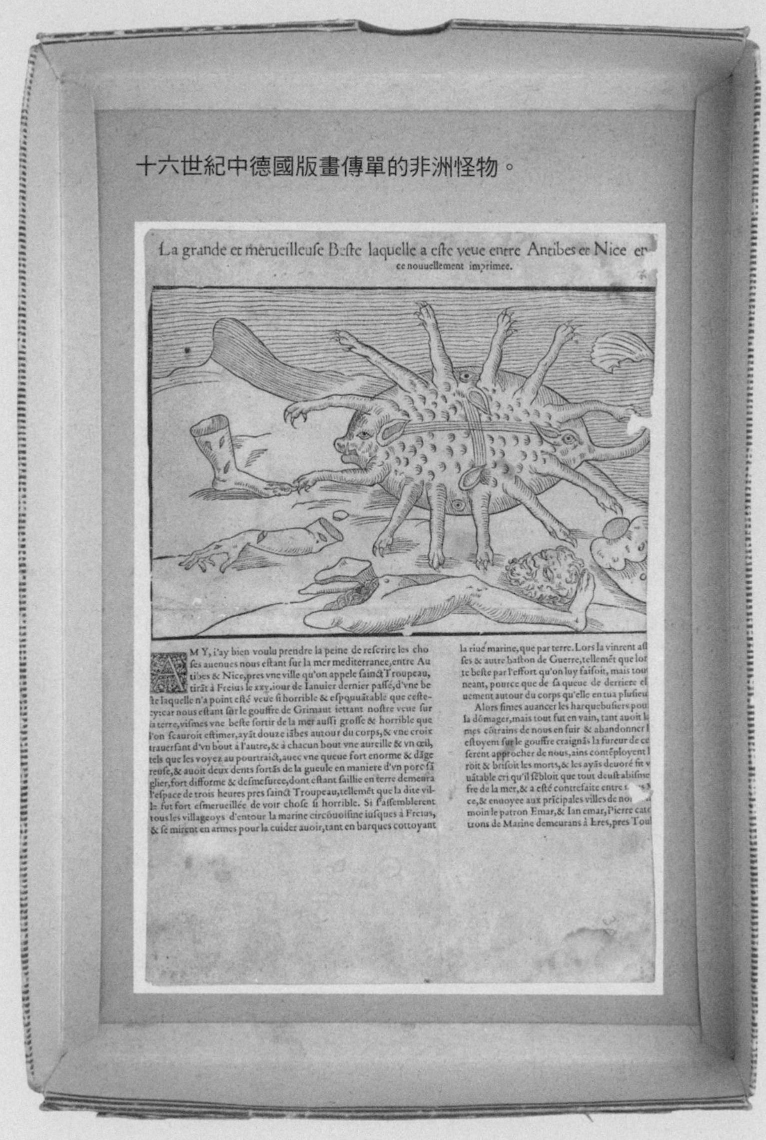

La grande et merueilleuſe Beſte laquelle a eſte veue entre Antibes et Nice er
ce nouuellement imprimee.

AMY, i'ay bien voulu prendre la peine de reſcrire les cho
ſes auenues nous eſtant ſur la mer mediterranee, entre Au
tibes & Nice, pres vne ville qu'on appele ſainct Troupeau,
tirãt à Freius le xxv. iour de Ianuier dernier paſſé, d'vne be
ſte laquelle n'a point eſté veue ſi horrible & eſpouuãtable que ceſte-
cy: car nous eſtant ſur le gouffre de Grimaut iettant noſtre veue ſur
la terre, viſmes vne beſte ſortir de la mer auſſi groſſe & horrible que
l'on ſcauroit eſtimer, ayãt douze iãbes autour du corps, & vne croix
trauerſant d'vn bout à l'autre, & à chacun bout vne aureille & vn œil,
tels que les voyez au pourtraict, auec vne queue fort enorme & dãge
reuſe, & auoit deux dents ſortãs de la gueule en maniere d'vn porc ſã
glier, fort difforme & deſmeſuree, dont eſtant ſaillie en terre demeura
l'eſpace de trois heures pres ſainct Troupeau, tellemẽt que la dite vil-
le fut fort eſmerueillée de voir choſe ſi horrible. Si ſ'aſſemblerent
tous les villageoys d'entour la marine circõuoiſine iuſques à Freius,
& ſe mirent en armes pour la cuider auoir, tant en barques cottoyant
la riue marine, que par terre. Lors la vinrent aſſ
ſes & autre baſton de Guerre, tellemẽt que lor
te beſte par l'effort qu'on luy faiſoit, mais tout
neant, pource que de ſa queue de derriere el
uement autour du corps qu'elle en tua pluſieu

Alors fimes auancer les harquebuſiers pou
la dõmager, mais tout fut en vain, tant auoit l
mes cõtrains de nous en fuir & abandonner l
eſtoyent ſur le gouffre craignãs la fureur de ce
ſerent approcher de nous, ains contẽployent l
roit & briſoit les morts, & les ayãs deuoré fit v
uãtable cri qu'il ſẽbloit que tout deuſt abiſme
fre de la mer, & a eſté contrefaite entre [illegible]
ce, & enuoyee aux prĩcipales villes de no
moin le patron Emar, & Ian emar, Pierre cat
trons de Marine demeurans à Eres, pres Toul

有兩條線，正好相交成十字形，每條線的端點處正好是一隻眼睛和一個耳朵，一共就有四個眼睛和四個耳朵，使這個動物能眼觀四面、耳聽八方，不過牠只長了一個嘴巴和肚子。這個怪物圍著身體長了許多腿，牠不需要轉身就能夠向任何方向行進。當地的居民證實，這種生物的血對治癒傷口有奇效。現代有人考證後認為這可能是對章魚科或蛸科生物的誤傳。

在法國國王查理九世（Charles IX）時期，歐坦地區（Arrondissement d' Autun）一名女傭在製作蛋糕時，敲開一枚雞蛋，發現了異像。雞蛋裡面是一個男人的頭，他的頭髮和鬍鬚全部都是蛇頭，看起來就像水母，這個異像被上呈給當地的男爵，然後由男爵上呈給國王查理九世，之後的發展就沒有記載了。

查理九世所在的十六世紀正是宗教改革時期，查理九世作為羅馬公教的擁護派一度反對法國新教教派胡格諾派（Huguenot）。這則異像中兼具人獸合交的禁忌，往往被新教渲染為上帝懲罰的預兆，以反對羅馬公教，這可能是這則異像得到廣泛傳播的原因。特別是博物學家收錄進書籍的圖像，都是出自當時的德國小報，製作年代大約是西

Ein erschrockenliche Geschicht eines Manns angesicht in einem Ey erfunden wordt/ im Burgund [illegible] 1569. Jars/ vff den 15. tag Mertzen [illegible]

Der wunder bschehend man-cherley
Ein Angsicht gfunden in eim Ey
Welches eins Manns gestalt gleych war
Von Natern war sein gantzes Haar
Deßgleych ein Bart von dreyen Schlangen
Warend jm von dem Kinn auß gangen
Das wunder mit den Schlangen gruß
Ward gfunden gar nach bey Autlin
In einem Dorff nit weyt daruon
Leyt im Burgund heißt Bancheron
Von einer Magt/welch schüff jr sachen
Von Eyeren wolt ein Küchen bachen
Schlüg sy diß Ey mit andern auff
Erschrack auch deßhalb hertzlich drauff
Ward darauff kundtbar yedermann
Man zeigts auch dem Freyherren an
Rytter Ordens von Senerey
Von dem erschrockenlichen Ey
Der dann Künigkliche Maeystat
Der vrsach zgast geladen hat
Welcher zü Metz war do zü hand
Ein Statt am grentz deß Teütschen Land
Was wunders diß Angsicht bedeut
Laß ich außleggen Gleerte Leut.

西元一五六九年德國版畫傳單中歐坦的異卵。

元一五六九年，德國路德教派正是利用各種傳言發起對羅馬公教輿論攻擊的肇端和主力。

而一年之後的西元一五七〇年，查理九世就因為胡格諾派勢大，選擇與胡格諾派暫時妥協，但是在自己母親凱瑟琳・德・梅迪奇（Catherine de'Medici）的控制下，還是在西元一五七二年發起了聖巴多羅買大屠殺（Massacre de la Saint-Barthélemy），不過這是後話了。現代學者認為這枚雞蛋裡面的胚胎可能已經開始發育血管，造成了誤認和以訛傳訛。

十六世紀馬丁·路德和一群宗教改革的支持者與羅馬公教之間發生輿論戰，馬丁·路德一方在一群畫家的支持下，製作很多攻訐羅馬公教、教宗、修士的諷刺小冊子，特別是設計各種教宗的偽基督者形象，馬丁·路德也是第一個使用這種輿論手段的人。這些畫家中就有老盧卡斯·克拉納赫，作為宗教改革的同情者和記錄者，他為馬丁·路德繪製了那幅流傳至今的路德像。

這幅老盧卡斯的教宗驢創作自西元一五二三年，不過他並不是始作俑者，文策爾·馮·奧爾穆茨（Wenzel von Olmutz）大約在西元一四九六年到一五〇〇年間創作了教宗驢的形態，當時他將這幅畫命名為「世界首都羅馬」（Roma Caput Mundi），畫中的怪物驢首、龍鱗，女性軀

368 Vlyſsis Aldrouandi

IIII. Monſtrum capite aſinino.

烏利塞・阿爾德羅萬迪《怪物志》中的教宗驢。

幹，一隻人手、一隻象手，一條馬腿、一條鳥爪，一張人臉長在後腰，尾巴是龍首，站在台伯河（Tiberis）邊，牠在西元一四九六年的洪水之後出現。不過文策爾的這幅畫可能只是為了記錄出現在台伯河的怪獸傳說，並沒有宗教、政治上的含義。

馬丁．路德則將此解讀為這個怪物是來自上帝的警示，是因為教宗將上帝激怒了，之後還會出現更多的預兆。馬丁．路德的好友腓力．墨蘭頓（Philipp Melanchthon）對此做出更詳細的解讀，例如他認為怪物後腰部的人臉是教宗權力衰落和消亡的標誌。後來這個圖像被不斷復刻，對此的解讀往往集中在嘲諷教會的威權上，驢頭意味著愚蠢的領導者，一手為人一手為象意為教會向人施行善舉的同時也在壓迫弱者，牛足意為教會有著來自苛政者的堅固支持，鳥爪意為威權者與平民之間的激烈對峙。比起羅馬公教那些用拉丁文寫成的艱澀神學論文，路德派的諷刺畫更容易被人接受。加上他們採用了剛誕生不久的活字印刷術，印刷的小冊子是同期羅馬公教出版物的五倍，所以路德教派抹黑得很成功。

僧侶胎牛在路德教派的宣傳小冊子中與教宗驢一起出現，作為路德教派攻擊羅馬公教的事例，成為德國宗教改革中流傳甚廣的圖像之一。記載中，牠在西元一五二二年十二月八日誕生於德國薩克森州（Freistaat Sachsen）的佛萊堡（Freiburg），有人認為牠其實就只是牛產下的畸胎。

馬丁・路德曾經在給《創世紀》三十章做注解時提到，女性在懷孕期間受到驚嚇或其他外部刺激的影響，會生產下畸形的兒童。如果一個女性在懷胎時見過屍體，就會產下一個長得像屍體的胎兒。女性在懷胎時突然受到驚嚇，如果在這時她的身體部位被自己的手觸碰到，在胎兒身體的相應位置上會出現血點。

僧侶胎牛的眼睛生下來就不能視物。牠的後腿形狀很

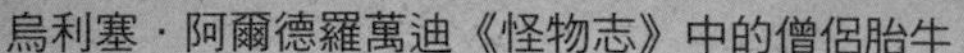
烏利塞·阿爾德羅萬迪《怪物志》中的僧侶胎牛。

Monſtrorum Hiſtoria. 371

VI. Non multum diſſimile monſtrum cornutum, & alatum aliud exhibemus: hoc habebat caput facie Satyri, cornu, & auribus deturpatum, brachiorum loco, alas inſtar auis; pedes duos, quorum dexter humano erat ſimilis, cum oculo in genu, & ſiniſter ſquamoſus in caudam piſcis deſinebat. In pectore huius monſtri tres litteræ, nimirum X Y & V expreſſæ cernebantur, ſed V ſupra figuram Lunæ veluti adoleſcentis obſeruabatur. Hinc eruditi viri ad præſagia animum conuertentes, flagelli diuini declinandi rationem ex his tribus litteris didicerunt. Nam X Chriſti crucem, & Y Pythagoræ littera virtutem deſignat: ideòq; ſi homines pro arcenda Dei ira, ad Chriſti Crucem, & virtutes confugient, proculdubiò virtutibus Cælum Lunæ penetrantes, ad ſedes vſq; empyreas peruenient.

Expoſitio litterarum.

VII. Vitulomonachus Sorbini.

奇怪，看起來像人一樣能夠站立。圍在牠頭部的皮膚形狀就像修道士斗篷上的頭罩。據馬丁．路德說，布拉格的一個天文學家在看到這個圖像之後，說怪物確實意味著一些可怕的事情，甚至是最可怕的事情。為此，他迅速將這個怪物圖像加以詮釋，並印製成小冊子。

墨蘭頓進一步解釋，這個怪物代表了修道主義的罪惡，牠的眼盲代表道德上的盲目，大耳朵意味著懺悔聖事的邪惡，僵硬的脖子象徵著死板的禁慾觀念。和教宗驢一樣，牠是來自上帝的警告，教宗驢的出現預言著教宗的垮台，僧侶胎牛的出現預言著修道士的垮台，路德教派宣稱這隻預言獸意味上帝也是修道主義的敵人，教皇制的信奉者必須學會以這隻怪物為鑒，正確認知天堂對他們這些人的看法。

僧侶胎牛作為怪物傳說，也延續到冠名為《亞里斯多德的傑作》（*Aristotle's Masterpiece*）的維多利亞時代助產士手冊中。不過描述演變為如果牠的耳朵長在臉上，那麼牠的眼睛就會長到胸上或大腿上。

根據法國作家皮耶・鮑伊斯陶烏的記載，克拉科夫怪物在西元一五四三年或一五四七年於波蘭的克拉科夫（Kraków）降生，所以被命名為克拉科夫怪物。傳說牠在保羅歸信（Conversion of Paul the Apostle）的日子降生，眼睛發出火苗，鼻子生得像牛角，身體像大象，背後長有長毛，乳頭的地方長出猴子的頭，肚臍上長出貓眼，手肘和膝蓋上長出狗的頭。牠的降生被認為是一個錯誤、是惡魔之子，是一個過度興奮、頑固的女性懷上有缺陷、腐敗的胎種。

牠身上的動物臉是中世紀手抄本中惡魔的典型標誌，眼睛上的光焰和藝術家阿爾布雷希特・杜勒（Albrecht Dürer）在西元一五六六年創作的「正義之神」（Sol

烏利塞·阿爾德羅萬迪《怪物志》中的克拉科夫怪物。

Monſtrorum Hiſtoria. 373

VIII. Infans στεγανόπους, cum promuſcide, & capitibus animalium.

ſere permoleſtum eſſet. Hoc eodem tempore Gothi, Vandali, & Hunni deuaſtantes paſſim regiones, ſolo illas pænitùs adæquarunt, & Romanum Imperium tunc adeò debilitatum eſt, vt nulla ſpes priſtinæ authoritatis recuperandæupereſſet.

Ii IX. His

Justitiae）眼睛上的光焰非常相似。據說牠出生後四小時就死去，在去世前，留下了預言說：「注意吧，主即將降臨。」在很多記錄中，這則怪物降生的消息來源地都指向了明斯特（Münster），該地在德國宗教改革時發生了著名的明斯特之叛，也是反羅馬公教的重鎮，這種反羅馬的預言怪物與明斯特有關並不奇怪。

這時距離馬丁・路德炮製預言怪物已經過了二十多年，不過這種預言怪物的出現還是受到路德教派的關注。馬丁・路德的追隨者喬布斯・盧夫（Jacob Rueff）是一名醫師，他的著作影響了後世那些冠名為《亞里斯多德的傑作》的助產士手冊，他在自己的著作《*De conceptu, et generatione hominis*》中講到，雖然人們聲稱這個怪物是上帝創造的，但是這個怪物的誕生是因為雞姦，更多是人們自作孽造成的後果。

在各種冠名《亞里斯多德的傑作》的家庭助產士小冊子中出現的毛孩，都記載著牠誕生於西元一五九七年的法國，有些小冊子中，地點甚至具體到普羅旺斯的亞爾。根據文字描述，牠是男性的嬰兒，全身就像野獸一樣長滿毛髮，本來該長鼻子的位置，長出了肚臍眼，本來該長嘴巴的位置，長出眼睛，然後嘴巴長在下巴裡。在一些版本中，作者聲稱自己曾經在亞爾居住過，親眼見過這個毛孩。這個毛孩只活不過幾天，每個見過牠的人都感到一種深深的恐懼。

人們將牠看作預兆，預示著來自天堂的憤怒即將降臨在這個王國，引起荒涼與騷亂，人與人折磨彼此就像野獸一樣，每個人都想將自己的鄰居割喉，有些人會被活生生

西元一八三一年在新英格蘭出版的《亞里斯多德的傑作》中的毛孩。

地穿刺，有些人會被架在火刑鐵格上慢慢烙烤直到氣絕。這些小冊子中的毛孩也呈現出兩種模式，第一種是將眼睛畫在原位，但周圍被嘴巴包圍住，在鼻子部位有一個不太明顯的肚臍；另一種是依照描述，將眼睛畫在肚臍位置以下，但實際並沒有低到嘴巴的位置，於是所謂的肚臍，看起來就像是第三隻眼，所以有些版本中會給面部的肚臍加上臍帶。

monster一詞源自古拉丁語monstrum，本意為超出正常範圍、令人害怕的、使自然安排產生混亂的，進而引申為神諭、預兆，在十四世紀後期演變為異常、假想、傳說生物的代名詞。

當人們說起拉文納怪物的時候，總會轉述編年史作家塞巴斯蒂亞諾・迪・布蘭卡・泰德里尼（Sebastiano di Branca Tedallini）的記載。這段記載雖然只有八十七個詞，但是他們不願意放過任何細節，似乎其中的一切都有直通上帝福音的神祕啟示，和開啟歷史之門的關鍵。值得一提的是，泰德里尼也只是一名轉述者，他只是早期拉文納怪物傳說在流傳中的一環。為了使這條記錄顯得可信，或者別有深意，或者只是生抄照搬，他把那些證明訊息

烏利塞・阿爾德羅萬迪的《怪物志》中將兩種經典的拉文納怪物形象進行比對。

370 Vlyſsis Aldrouandi

Præſagitio monſtri. concitauit: vnde poſtea die Reſurrectionis Dominicæ, penes Rauennam, maximum bellum conflatum eſt. Alij verò, ex aſpectu huius monſtri, illud tempus varijs, & nefarijs hominum vitijs non carere ſunt vaticinati: nam per cornu monſtri, ſuperbiam, per alas, leuitatem, & inconſtantiam mentis, per defectum brachiorum, nulla recta opera, per pedem rapacis auis, rapinam, vſuram, & auaritiam, per genu oculatum, ſolam hominum ad res mundanas propenſionem, & per vtrumq; ſexum, omnem turpiſſimi luxus ſpeciem expoſuerunt.

VI. Monſtrum cornutum, & alatum aliud.

Monſtrorum Hiſtoria. 369

V. Monſtrum cornutum, & alatum cum pede rapacis auis.

可信度的人放置在教宗尤里烏斯二世（Iulius PP. II）的名下，但這位中道崩殂的教宗可能根本就沒有聽說過拉文納怪物的傳說。

怪物的命名和誕生地被確定為拉文納，或許與拉文納會戰有關。當新教教派將怪物與教宗德行掛鉤時，或許沒想到西元一五一二年也是歐洲中世紀最殘酷的會戰之一——拉文納會戰發生的時間節點。當時的義大利被西班牙、法國等國染指，教宗尤里烏斯二世希望能夠一統義大利。他在西元一五一一年，聯合威尼斯、西班牙、英國和瑞士各州成立神聖同盟，驅逐法國在義大利的勢力，法國國王路易十二先發制人，命令他的外甥加斯東・德・富瓦公爵（Gaston de Foix）率領駐義的法軍一路勢如破竹，進逼拉文納，羅馬城也岌岌可危。為了阻止法國的兵勢，尤里烏斯二世讓西班牙、教皇國和義大利僱傭兵共一萬六千人聚集在拉文納。

西元一五一二年四月十一日剛好是復活節，兩軍在這一天開始會戰，當時雙方投入五百門以上的火炮，展開了八個小時以上的殺戮，陣亡人數達到一萬三千人以上，最終法軍慘勝，但是統帥加斯東在亂軍中戰死。人們希望能夠有一個不祥的預兆來證明這場戰爭的慘烈，而法國也需要一個證據證明自己發動戰爭的正義性，拉文納怪物在此時此地誕生正好被視為上帝的憤怒和警告。路易十二對義大利的戰爭是替天行道，而戰爭的責任全數被歸於教宗尤里烏斯二世的好戰與權慾，是他造成了義大利各城市與共和國之間的分裂。

在這之後，拉文納怪物的傳說就像瘟疫一樣蔓延開來，並且誕生新的版本，有人說牠誕生在西元一五〇六年或者西元一五一二年二月二十七日的佛羅倫斯，由教宗和修女所生；也有人說牠誕生在西元一五一二年三月十二日的波隆那（Bologna）。受新教教派、特別是路德教派的影響，路德教派為了爭取更多的信徒和輿論支持，確立自身的正當性，印製了大量的小冊子攻擊羅馬公教，製造對自己有利的輿論。小冊子中除了編造羅馬公教的腐敗、異端裁判所濫用酷刑等內容之外，還收集、杜撰怪誕的生物，例如教宗驢和僧侶胎牛。這兩種怪物的傳說形式類似，即用某事某地誕生畸怪的事例，來證明羅馬公教的失道和不仁義，拉文納怪物也不例外，在這些版本中，對怪物描述更具衝擊性和煽動性。

而在泰德里尼的原文中，拉文納怪物的母親叫作莫妮卡（Monica），而牠的生父不是教宗而是一位修士，其中Monica只是一個普通的名字，沒有任何實指。相較於修士這個身分不夠形象，所以在後來的傳說版本中，怪物生母的身分吸收了佛羅倫斯版傳說，被定為修女，Monica這個名字則被隱去。當時的人認為獨身者能夠持守聖潔，比結婚者神聖，不結婚也可以更好地侍奉上帝，想要成為修士或修女要正式發三絕誓願，必須安貧、聽命、禁慾，而修士與修女行人事則是羅馬公教道貌岸然、腐敗、虛偽的象徵，作為他們違背誓願的懲戒，誕生的後代只能是畸胎。在早期拉文納怪物的傳說中，沒有任何文字提及牠誕生之後的下落，鑒於羅馬公教面對類似事件都是以遮遮掩掩的態度處理，在後來的一些傳說版本中，拉文納怪物的存在上報給教宗尤里烏斯二世，而教宗則下令將牠餓死，也有人說教宗憐憫怪物的不幸而拯救了牠。

這時的博物學正進入早期自然科學和迷信逐漸分離的時期，人們對畸形生物、特別是畸形人類嬰兒的詮釋滯留於宗教觀念和早期自然科學的混淆。而和眾多並蒂雙生、多手多腳更「科學合理」的畸胎相比，拉文納怪物明顯帶有中世紀宗教寓意特徵，和教宗驢、修士牛犢相比，牠是由人直接產下，給人們造成的心理恐懼更為直接，牠的形象在流傳上更長久，也幾經演變。

在泰德里尼的記載中，拉文納怪物有著一個大大的頭，前額上長著一隻角，有一張大嘴，在牠的胸前有三個字母：YXV，胸口長著三根長毛，一條腿毛茸茸的，長著惡魔的爪子，另一條腿中間長著人眼。

佛羅倫斯藥劑師盧卡・蘭杜奇（Luca Landucci）也是拉文納怪物傳說重要的傳播者，他聲稱自己見到了一幅奇異的畫，上面畫著一個怪物，牠頭上長著獨角，應該長著手的部位長著一對蝙蝠般的翅膀，胸口上有記號，下身長滿蛇紋，同時長著男性和女性的生殖器官，一隻膝蓋上長著人眼，一隻腳就像鷹爪。

怪物的傳說也流傳到西班牙，編年史學家安德烈・貝納爾德斯（Andrés Bernaldez）有這樣的記載：牠的頭像獅子，身體上有新月形的標記，有蝙蝠的翅膀，狗的陽具，蟾蜍的左腿，上面長滿蛇的鱗片。

法國的佛朗索瓦・諾伊（Francois Inoy）記載：牠的頭部光禿禿的只有一隻角，耳朵就像火苗或者翅膀，長著大嘴，沒有手，但長著一對羽翼。右側胸部是男性，左側胸部是女性而長有乳房，身體的左側上有兩個希臘十字，胸部下方有一對尖端朝下的火焰，性別不明，有人類的右腿，左腿為鱗片所覆蓋。

德國自然不會放過這種傳聞，在一塊作者不詳的雕版上，有這樣的記載：這孩子有蝙蝠翅膀一樣的手，在頭上長有一隻角，在牠的心臟位置有IXV三個字母，在V的下面還有一個新月符號，胸部的下方有一對焰芒向下的火焰，一隻腳像人，在膝蓋的位置有一隻人眼，另一條腿就像魚，有三隻長蹼的腳趾。人們無法搞清楚，牠到底是男孩還是女孩。

接下來，拉文納怪物的形象在約翰尼斯・穆多瓦里斯（Johannes Multivallis）筆下，產生了關鍵性的轉變。在此之前的記載中，拉文納都是雙腿，但在這裡，牠變成單獨的鳥足鳥爪，其餘的頭生獨角，雙手為羽翼，膝上生目，雌雄同體的特徵都得到保留，不過身體上的記號變成了Y

和十字元。穆多瓦里斯版的形象影響廣泛，之後諸如吉羅拉莫．羅西（Girolamo Rossi）一系列的畫家、博物學者都採用這種獨腳的形象，甚至十七世紀到十九世紀英國流傳最廣泛的醫學手冊《亞里斯多德的傑作》中也有出現，這時的圖像沒有了標誌性的獨角，而這幾乎是拉文納怪物傳說最後的流傳了。

人們嘗試對拉文納怪物的形象起源做科學上的解釋，對記載在典籍中的文字進行病理學意義上的還原，認為牠可能是患有羅伯氏症候群（Robert Syndrome）的胎兒。但是這種思維忽略了怪物傳說的本質，怪物只是望文生義的表象，牠的內在是預兆、是神諭，是上帝憤怒導致的降災，牠的外型並不是單純的客觀記錄，而是具有宗教意義的隱喻。

對拉文納怪物身體上各部分的解讀有很多，拉文納之戰後法國流傳的解釋是：角代表虛榮、驕傲、野心，翅膀代表見異思遷，沒有手臂代表善行不足，鳥足代表貪婪，膝蓋上的人眼代表過剩的愛，雌雄同體代表索多瑪之罪，也代表男色，這種解釋更多是依葫蘆畫瓢。穆多瓦里斯筆下的拉文納怪物變為單足，或許不是偶然，他讓拉文納怪物的形象和七大罪的寓意畫產生了聯繫。

時間回溯到十五世紀的西元一四一四年或一四一五年，慕尼黑本篤會修道院的修士阿博特．彼得羅斯一世剛剛完成了一部手抄本，叫作《*Biblia Pauperum*》，可以譯為《貧窮人聖經》。在這部手抄本中有一幅插圖，圖中的怪物為女性，牠背生蝠翼，一條腿獨立，為鳥足鳥爪，正被另一條為龍首的腿咬住。這是一幅將七宗罪集合在一起的寓意畫，每一個部分都對應一種罪。這種圖式到十五世紀末期演變為單腿鳥足立足在地球上，孔雀羽毛的冠冕代表傲慢，手持聖盃代表暴食，右臂上的驢代表怠惰，左臂上的狼代表憤怒，蝠翼代表嫉妒，領口代表色慾，鳥爪代表貪婪，單足的拉文納和這幅畫已經非常相似。

當然，拉文納怪物的謎團也不僅僅是這些，牠胸口的符號更使人疑惑，一般是YXV，偶爾會是IXV，或者Y和十字符，這些符號所指的就是耶穌。YXV和IXV同樣，都是指希臘語中「魚」這個單詞：Ichthus，這樣看也許不夠直觀，不過將希臘語ἰχθύς拿出來之後，就可以發現，不管是YXV也好，IXV還是也好，都是對ἰχθύς的簡寫。這個詞是早期基督徒為避免受到羅馬帝國迫害而使用的一種暗號，剛好是由ΙΗΣΟΥΣ（耶穌）、ΧΡΙΣΤΟΣ（基督）、ΘΕΟΥ（神的）、ΥΙΟΣ（兒子）、ΣΩΤΗΡ（救世主）這個五個名詞的首字母組成。十字符就是三位一體中第二位格——聖子的符號。

拉文納這種怪物誕生類型的傳說是歷史與人群的共謀，是中世紀宗教概念在文藝復興和宗教改革浪潮顛簸中產生的畸變。在維多利亞時代之後，隨著人們對世界的瞭解逐漸加深，拉文納怪物的傳說也不再流傳。

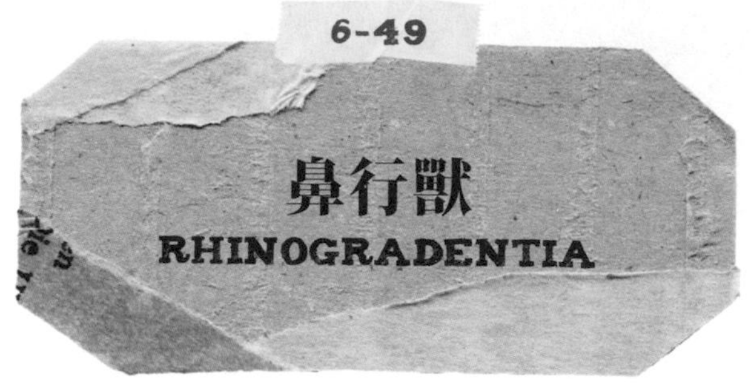

鼻行獸的靈感來自德國家喻戶曉的詼諧打油詩，裡面講到了一種用鼻子走路的動物，牠拖著自己的小孩，倒立著走路，古書裡都沒有牠的記載，牠叫作鼻行獸（nasobame）。二十世紀中期，德國海德堡大學的傑羅爾夫・斯坦納（Gerolf Steiner）教授為了讓學生能更理解生物學，在他的生物課上，用板書杜撰出了鼻行獸的學名：Rhinogradentia，和牠們的生物性狀、生存環境等等，隨後整理成書出版。

他沒有想到自己的一時起意產生的影響遍及了全世界，基於這本滿是專業術語的偽書，人們不斷給鼻行獸傳說加油添醋：鼻行獸生存在南太平洋的小島「Heieiei」上，二戰時期被一個從日本東南亞俘虜收容所越獄的瑞

德國動物學家傑羅爾夫・斯坦納教授《鼻行獸》（*Rhinogradentia*）一書中的插圖。這種鼻行獸叫作蘭花鼻行獸，花瓣狀的鼻子是從胚胎時就開始發育的，鼻翼的表面會分泌出吸引蟲子的黏液。

典軍人艾納・彼得松（Einar Pettersson-skämtkvist）偶然發現。Heieiei島上有一種巨大的活火山，和各種各樣奇異的動植物，也有土著居住，但是感染了外來者帶來的疾病，全部死亡。這座島被發現後十多年，就因為美軍核試驗引起的活火山噴發而沉入海底。

鼻行獸成了像是尼斯湖水怪那樣的未知生物，但是細看就能發現，這本書不過是理科生的玩笑之作，斯坦納在出版這本書的時候使用了化名哈拉爾德・斯圖普克（Harald Stümpke），Heieiei島的名稱heieiei是德國俚語，翻譯成中文就是「真他媽的、該死」。

某些鼻行獸透過鼻中的海綿體充血保持站立的姿態，就像陰莖勃起；某些鼻行獸以吃南太平洋上沒有的胡蘿蔔為生；某些鼻行獸用鼻涕釣魚；作為同一目的生物，某些鼻行獸是軟體動物形狀，某些鼻行獸長有類似人類女性的雙乳，之間的形態差異太大。

斯坦納也充分保留自己的學術態度，杜撰了十四個科，一共一百八十九種不同的鼻行獸，煞有介事地給這些鼻行獸取了拉丁文學名，並且配上插圖。根據這些插圖，日本人樂此不疲地還原了鼻行獸的標本，其中根據骨骼示意圖所做的骨骼標本被當作鼻行獸化石。

這並不是好奇的人們想要的事實，在被還原的標本的展覽過程中，鼻行獸真實存在的話題不斷被翻炒出來，甚至有人說自己擁有捕獲鼻行獸的真實照片。鼻行獸是虛擬訊息傳播中的特殊案例，相較於其他的杜撰科學書籍，牠有著豐富的實物材料；相較大腳怪、飛棍這些坊間傳言中的未知生物，牠有著詳實到解剖圖的專著書籍。這兩點是獨一無二的，也使牠成了杜撰學的經典。

怪物博物館（二版）：108怪，以及牠們的履歷書

作　　者　劉星
責任編輯　夏于翔
協力編輯　賴姵如
內頁排版　李秀菊
美術構成　江孟達工作室
封面設計　張巖

總 編 輯　蘇拾平
副總編輯　王辰元
資深主編　夏于翔
主　　編　李明瑾
業務發行　王綬晨、邱紹溢、劉文雅
行銷企劃　廖倚萱
出　　版　日出出版
　　　　　地址：231030新北市新店區北新路三段207-3號5樓
　　　　　電話：02-8913-1005 傳真：02-8913-1056
　　　　　網址：www.sunrisepress.com.tw
　　　　　E-mail信箱：sunrisepress@andbooks.com.tw

發　　行　大雁出版基地
　　　　　地址：231030新北市新店區北新路三段207-3號5樓
　　　　　電話：02-8913-1005 傳真：02-8913-1056
　　　　　讀者服務信箱: andbooks@andbooks.com.tw
　　　　　劃撥帳號：19983379 戶名：大雁文化事業股份有限公司

印　　刷　中原造像股份有限公司
二版一刷　2024年6月
定　　價　600元
I S B N　978-626-7382-99-8

國家圖書館出版品預行編目（CIP）資料

怪物博物館：108怪，以及牠們的履歷書／劉星著. -- 二版. -- 新北市：日出出版：大雁出版基地發行, 2024.06
384面；15×21公分
ISBN 978-626-7382-99-8（平裝）
1.妖怪
298.6　　113002489

圖書許可發行核准字號：文化部部版臺陸字第108017號
出版說明：本書由簡體版圖書《驚奇與怪異：域外世界怪物志》以正體字在臺灣重製發行，推廣文史故事。